金融数学教学丛书

金融随机分析与应用

马敬堂 梁 浩 杨文昇 编著

科学出版社

北 京

内 容 简 介

随机分析是金融学类专业的核心数学基础. 本书是"金融数学教学丛书"中的金融随机分析教材, 围绕期权定价及连续时间最优投资问题, 介绍相关随机分析基础知识. 本书力求结构清晰, 分为随机分析基础 (第 1~3 章) 和金融应用 (第 4~7 章) 两个部分. 主要内容包括: 概率论基础、布朗运动及其性质、随机分析、欧式期权定价、美式期权定价、连续时间最优投资模型、最优停止投资模型.

本书可作为高等院校数学、金融数学、金融工程等相关专业本科生和硕士研究生的专业教材或教学参考书, 也可作为相关研究人员的实用参考书.

图书在版编目 (CIP) 数据

金融随机分析与应用 / 马敬堂, 梁浩, 杨文昇编著. 北京: 科学出版社, 2024.6. -- (金融数学教学丛书). -- ISBN 978-7-03-078939-6

I. F830

中国国家版本馆 CIP 数据核字第 2024RU0855 号

责任编辑: 张中兴 梁 清 孙翠勤 / 责任校对: 杨聪敏
责任印制: 师艳茹 / 封面设计: 蓝正设计

科学出版社 出版

北京东黄城根北街 16 号
邮政编码: 100717
http://www.sciencep.com

中煤 (北京) 印务有限公司印刷
科学出版社发行 各地新华书店经销

*

2024 年 6 月第 一 版 开本: 720×1000 1/16
2025 年 8 月第三次印刷 印张: 10 1/4
字数: 207 000

定价: 49.00 元
(如有印装质量问题, 我社负责调换)

"金融数学教学丛书"编委会

丛 书 序

从 20 世纪 90 年代中期开始, 随着数学在金融领域中的应用不断深入, 有关金融数学的学术研究和企业实践在我国迅速发展起来, 各行各业对于金融数学人才的需求愈发强烈, 金融数学人才培养工作也开始受到社会各界的重视.

北京大学是国内开创金融数学人才培养先河的高校之一. 1997 年, 在姜伯驹院士的倡导下, 北京大学数学科学学院建立了国内第一个金融数学系, 并在短短几年内快速建成了从本科生到博士生的完整教学体系. 尽管当时数学专业受欢迎程度远不如现在, 但金融数学专业的设立, 在提高数学专业的新生质量、改善数学专业毕业生的就业环境、拓宽数学的应用范围等方面, 无疑起到了重要的推动作用. 随后, 国内越来越多的高等院校陆续建立金融数学系, 开始了金融数学方向的本科生和研究生培养. 目前, 全国已经有 100 多所高校设置了金融数学专业, 每年招收本科生和研究生数千人, 为我国金融业培养了一大批既具备良好数学和统计学基础又懂现代金融的复合型金融人才, 在我国金融业现代化、国际化的进程中发挥了越来越大的作用.

北京大学在培养金融数学人才方面也有着鲜明的特色. 数学科学学院的新生在入学后的前两年里不分专业, 所有学生的必修基础课程相同. 这样一来, 学生即使在第三年选择了金融数学专业, 在这之前也能建立扎实的数学基础, 因此在金融数学高年级或研究生阶段的专业学习中, 往往能取得事半功倍的效果. 北京大学的做法已经在众多高校中得到推广, 数学、统计学以及计算机科学的基础理论教学在金融数学专业的人才培养中不断得到加强.

然而, 作为近年来才发展起来的学科方向, 我国金融数学在教材建设方面还存在很大的进步空间. 金融数学在国外大多是研究生阶段才学习的专业, 因此国外出版的教材大多是研究生教材. 我国的金融数学教学大多采用国外教材的中译本, 这对我国现阶段培养金融数学人才发挥了重要作用, 但也存在一些弊端, 例如金融市场的交易规则以及主要的案例和数据等都来自国外, 并不完全适合我国金融业的实际; 部分课程的预备知识不完全与我国本科生的学习背景相匹配; 等等.

为尽快改善这一局面, 北京大学、山东大学、同济大学、华东师范大学、对外经济贸易大学等国内较早开展金融数学教学的高等院校, 已开始组织一线教师编写符合我国金融数学人才培养规律的高水平教科书. 今天与读者们见面的这套金融数学教学丛书, 既引入了国内金融业的许多生动案例和真实数据, 也蕴含着一线教师总结积累的丰富教学经验, 体现出他们对于金融数学知识体系的理解与设计, 可以说凝聚了他们多年的心血. 我相信, 这套丛书的出版, 必定会对规范国内金融数学专业教学工作、提升金融数学人才质量, 产生非常积极的作用.

最后, 可以预见的是, 随着国家综合实力的不断增强, 我国金融业必将迎来更为广阔的发展前景, 也会为金融数学专业提供新的发展机遇. 鉴于我国在经济环境、政策导向以及市场规模等方面的独特性, 必然会有越来越多具有中国特色的金融课题值得深入研究, 而这些研究工作也是金融数学后备人才进行专业学习的重要案例. 为此, 希望金融数学专业的教学与科研工作者们顺应时代呼唤, 积极探索创新, 更好地推进研教结合, 将有价值的最新研究成果和案例及时纳入教材, 逐步加以完善, 形成一套更符合国内金融数学专业需求的教学丛书, 为我国金融数学专业以及金融业的发展注入不竭动力.

张波

2020 年 3 月

前　　言

20 世纪 70 年代以来, 随机分析进入经济学领域, 布莱克 (Black) 和斯科尔斯 (Scholes) 将期权的定价问题归结为一个随机微分方程的解, 并导出了期权定价公式, 即布莱克–斯科尔斯公式. 从此催生了一个新兴的数学分支——金融数学. 20 世纪 90 年代, 中国数学家彭实戈和法国数学家巴赫杜 (Pardoux) 合作创立了倒向随机微分方程, 金融数学得到进一步发展. 随机分析是金融数学的核心基础, 也是连续时间金融模型的主要分析工具, 其在金融市场、公司金融等领域都有广泛应用. 随机分析越来越受到金融数学、金融工程、金融学、投资学、精算学等诸多金融类专业学生重视和喜爱.

贯彻落实党的二十大精神, 聚焦服务金融强国建设, 金融类专业人才培养愈发重要. 为了更好地服务金融类专业高质量人才培养, 我们编写这本教材. 本书是在充分吸收相关专著和教材的优秀经验的基础上, 结合作者多年的教学实践编写而成的, 主要有如下几个特点:

(1) 金融应用单独列章, 不同于已有教材穿插举例.

(2) 有别于金融随机分析相关教材, 金融应用更加系统和完善, 除欧式期权、美式期权定价外, 还包括连续时间最优投资模型、最优停止投资模型等.

(3) 美式期权定价侧重最佳执行边界的积分方程的推导和数值求解, 连续时间最优投资模型和最优停止投资模型侧重对偶控制方法, 其对偶问题类似于欧式期权和美式期权定价问题. 随机分析基础与金融应用紧密相连, 既深化了随机分析基础, 又拓展了金融应用.

(4) 本书尽量做到流畅易读, 重要的结论都给出了简洁的证明, 同时在不影响本书整体性和严谨性的情况下, 略去了一些复杂证明, 但给出了相关参考文献.

学习建议:

(1) 有概率论基础的读者, 第 1 章中可直接学习 1.6 节 ~ 1.8 节.

(2) 根据学生偏微分方程和数值分析知识基础情况, 4.4 节和 5.3 节可作为选学内容.

(3) 根据课时安排, 第 7 章可作为选学内容.

　　最后感谢王铎教授、吴臻教授、吴岚教授及评审专家百忙之中对本书进行了审阅，并提出了许多宝贵的意见，在此作者表示衷心感谢！同时，书中难免有不足之处，恳请读者批评指正！

作　者

2024 年 3 月 1 日

目　　录

第 1 章 概率论基础

1.1 样本空间和随机变量

随机试验可能出现的结果称为**样本**, 用符号 ω 表示, 所有样本组成的集合称为**样本空间**, 用 Ω 表示, 记为

$$\Omega = \{\omega : \omega \text{是随机试验的样本}\}.$$

由样本空间中的某些样本组成的集合称为**事件**, 事件就是样本空间 Ω 的一个子集. 例如, 抛掷骰子的结果构成的样本空间为 $\Omega = \{1, 2, 3, 4, 5, 6\}$, 集合 $A = \{1, 2, 3\}$ 是一个事件.

我们比较关心的是每个样本以及由某些样本组成的事件在随机试验中发生的概率大小. 在不可数样本空间中, 存在无法对其指定概率的事件. 对于这样的样本空间, 我们无法对其所有的事件一一指定概率, 为了避免这样的问题, 我们只对某一范围内的事件指定概率值. 这依赖于如下定义.

定义 1.1 Ω 为非空集合, $\mathcal{F}$ 是 Ω 的子集族, 如果 $\mathcal{F}$ 满足

1. 空集 $\varnothing \in \mathcal{F}$;

2. 若 $A \in \mathcal{F}$, 则 A 的补集 $A^c \in \mathcal{F}$;

3. 若一列集合 $A_1, A_2, \cdots, A_n, \cdots \in \mathcal{F}$, 则 $\bigcup\limits_{n=1}^{\infty} A_n \in \mathcal{F}$,

则称 $\mathcal{F}$ 是一个 **σ 代数**.

根据定义可知全集 $\Omega \in \mathcal{F}$. 由 $A_n \in \mathcal{F}$ 知 $A_n^c \in \mathcal{F}$, 故

$$\bigcap_{n=1}^{\infty} A_n = \left(\bigcup_{n=1}^{\infty} A_n^c \right)^c \in \mathcal{F}.$$

即 $\mathcal{F}$ 中可列个集合的交集属于 $\mathcal{F}$, 则有限个集合的交集也属于 $\mathcal{F}$. 若 $A, B \in \mathcal{F}$, 则 $B^c \in \mathcal{F}$, 故 $A - B = A \cap B^c \in \mathcal{F}$. 可以看出, σ 代数 $\mathcal{F}$ 中的元素进行集合间的交、并、补、差等运算时, 其结果仍然属于 $\mathcal{F}$, 即 $\mathcal{F}$ 对其中至多可数个元素的集合间运算封闭. σ 代数中集合运算的封闭性保证其中的事件概率存在时, 讨论其交集、补集等结果的概率也是可行的. 我们通常称二元组 $(\Omega, \mathcal{F})$ 为**可测空间**.

例 1.1.1 设 A 是样本空间 Ω 的非空真子集, 则 $\mathcal{F} = \{\varnothing, A, A^c, \Omega\}$ 是一个 σ 代数.

任意的样本空间 Ω 上至少存在一个最小的 σ 代数 $\mathcal{F} = \{\varnothing, \Omega\}$ (称为平凡 σ 代数), 以及一个最大的 σ 代数 $\mathcal{F} = \{\Omega$ 的所有子集$\}$.

定义 1.2　Ω 为非空集合, S 是 Ω 的子集构成的子集族, 包含 S 的最小 σ 代数称为 S 生成的 σ 代数, 记为 $\sigma(S)$.

事实上, Ω 为非空集合, S 是 Ω 的子集构成的子集族, 包含 S 的所有 σ 代数的交即为 $\sigma(S)$. 例如: $\mathbb{R}$ 为全体实数, S 是 $\mathbb{R}$ 中的闭区间构成的子集族, 包含 S 的所有 σ 代数的交即为由 S 生成 σ 代数, 亦称为 $\mathbb{R}$ 上的**博雷尔 σ 代数**, 记为 $\mathcal{B}(\mathbb{R})$. $\mathcal{B}(\mathbb{R})$ 中的集合称为**博雷尔集**.

定义 1.3　Ω 为非空集合, $\mathcal{F}$ 和 $\mathcal{G}$ 都是 Ω 上的 σ 代数, 若 $\mathcal{G} \subseteq \mathcal{F}$, 则称 $\mathcal{G}$ 是 $\mathcal{F}$ 的子 σ 代数.

定义 1.4　Ω 为非空集合, $\mathcal{F}$ 是 Ω 上的 σ 代数, 集合 $A \in \mathcal{F}$ 使得对任意的 $\varnothing \neq B \subseteq A$ 且 $B \in \mathcal{F}$ 都有 $B = A$, 则称 A 为 Ω 中 $\mathcal{F}$ 的原子.

由定义可知, 原子 A 的任意非空真子集都不属于 $\mathcal{F}$. 原子的概念有助于更直观地理解一些定义和性质. 有了样本空间 Ω 以及其上的 σ 代数 $\mathcal{F}$ 后, 我们给出概率测度的定义.

定义 1.5　Ω 为样本空间, $\mathcal{F}$ 为 Ω 子集的一个 σ 代数. 概率测度 P 是定义在 $\mathcal{F}$ 上的实值函数, 对每一个 $A \in \mathcal{F}$ 指定了一个 $[0,1]$ 中的实数 $P(A)$, 满足

1. $P(\Omega) = 1$;

2. (可列可加性)$A_1, A_2, \cdots, A_n, \cdots$ 是 $\mathcal{F}$ 中一列互不相交的集合, 则

$$P\Big(\bigcup_{n=1}^{\infty} A_n\Big) = \sum_{n=1}^{\infty} P(A_n).$$

样本空间 Ω, 其上的 σ 代数 $\mathcal{F}$ 以及定义在 $\mathcal{F}$ 上的概率测度 P, 这三个对象构成的三元组 $(\Omega, \mathcal{F}, P)$ 称为一个**概率空间**. 注意, 在同一个可测空间 $(\Omega, \mathcal{F})$ 上定义不同的概率测度 P, 则可以得到不同的概率空间.

在不可数样本空间中, 存在概率为零的非空事件 A, 称为零测集. 这就导致尽管 $P(A) = 0$, 但 A 中的确包含了样本, 它也有发生的可能, 同样地, 尽管 $P(A^c) = 1$, 却不能保证 A^c 一定发生. 对于这样的情形, 我们用以下的定义来描述.

定义 1.6　设 $(\Omega, \mathcal{F}, P)$ 是一个概率空间, 如果 $A \in \mathcal{F}$ 满足 $P(A) = 1$, 则称事件 A 几乎必然发生.

例 1.1.2　样本空间 $\Omega = \{\omega : \omega \in [0,1]\}$, 用 $\mathcal{B}[0,1]$ 表示 $[0,1]$ 中博雷尔集构成的 σ 代数, P 为可测空间 $(\Omega, \mathcal{B}[0,1])$ 上定义的均匀勒贝格测度, 即对任意的 $0 \leqslant a \leqslant b \leqslant 1$, 有 $P[a,b] = b - a$. 则 $[0,1]$ 中全体有理数构成的集合 $Q[0,1]$ 为零测集, 其补集 $Q^c[0,1]$ 几乎必然发生.

在之后的讨论中, 如果某些性质在零概率集上是否成立难以刻画, 则可以忽略其在此零概率集上的结果, 只需在几乎必然的意义下成立即可.

随机变量是定义在样本空间上的实值函数, 赋予每个样本一个实数值, 将对于具有各种不同背景和特征的样本空间的研究统一为对相应的实数取值的研究. 随机变量的定义如下.

定义 1.7 设 $(\Omega, \mathcal{F}, P)$ 是一个概率空间, 随机变量 X 是定义在 Ω 上满足以下性质的实值函数: 对于 $\mathbb{R}$ 中的任意博雷尔子集 B, 均有

$$\{X \in B\} = \{\omega \in \Omega : X(\omega) \in B\} \in \mathcal{F}.$$

随机变量 X 作为一个实值函数需要满足的条件 $\{X \in B\} \in \mathcal{F}$ 有其实际意义, 一般我们需要给出随机变量落在某个博雷尔子集 B 中的概率, 这一要求保证了概率 $P(X \in B)$ 有定义. 下面我们介绍一些用来描述随机变量分布的函数.

定义 1.8 设 X 是定义在概率空间 $(\Omega, \mathcal{F}, P)$ 上的随机变量, X 的分布测度是如下定义的概率测度 μ_X: 对 $\mathbb{R}$ 的每一个博雷尔子集 B, 指定 $\mu_X(B) = P(X \in B)$.

定义 1.9 设 X 是定义在概率空间 $(\Omega, \mathcal{F}, P)$ 上的随机变量, X 的累积分布函数定义为 $F_X(x) = P(X \leqslant x)$, $x \in \mathbb{R}$. 若 $F_X(x)$ 可导, 则称其导函数 $f_X(x) = F_X'(x)$ 为 X 的概率密度函数 (简称密度函数).

由定义可知, 累积分布函数 $F_X(x)$ 就是分布测度中令 $B = (-\infty, x]$ 的特殊情形, 即 $F_X(x) = \mu_X(-\infty, x]$. 对任意的博雷尔集 B, 有 $\mu_X(B) = \int_B f_X(x)dx$.

例 1.1.3 若随机变量 X 具有密度函数

$$f_X(x) = \frac{1}{\sqrt{2\pi}\sigma} e^{-\frac{(x-\mu)^2}{2\sigma^2}},$$

则称 X 是期望为 μ, 方差为 σ^2 的正态随机变量, 记为 $X \sim N(\mu, \sigma^2)$.

特别地, 当 $\mu = 0$, $\sigma^2 = 1$ 时, 称 X 为**标准正态随机变量**, 记为 $X \sim N(0,1)$.

1.2 随机变量的可测性

在介绍随机变量的可测性和独立性之前, 我们先从信息的角度来理解 σ 代数. Ω 是非空样本空间, $\mathcal{F}$ 是 Ω 的子集的 σ 代数. 如果知道样本 ω 的某一信息, 就可以对任意的 $A \in \mathcal{F}$, 判别 $\omega \in A$ 是否成立, 我们就称 $\mathcal{F}$ 是由此信息生成的 σ 代数.

例 1.2.1 抛掷骰子的样本空间为 $\Omega = \{1,2,3,4,5,6\}$, 根据抛出点数的奇偶性, 可将样本空间划分为 $A = \{1,3,5\}$, $A^c = \{2,4,6\}$. 令

$$\mathcal{F} = \{\varnothing, \{1,3,5\}, \{2,4,6\}, \Omega\},$$

称 $\mathcal{F}$ 为由抛掷结果的奇偶性生成的 σ 代数, 一旦知道样本 ω 的奇偶性, 就可以对任意的 $A \in \mathcal{F}$, 判别 $\omega \in A$ 是否成立.

样本空间中的样本根据信息的不同结果进行划分, 得到的所有子集生成 σ 代数 $\mathcal{F}$. 称 $\mathcal{F}$ 是由此信息生成的 σ 代数的原因在于: 对任意的 $A \in \mathcal{F}$, 知道样本 ω 的相应信息, 就可以判别 $\omega \in A$ 是否成立; 反之, 知道 $\omega \in A$ 成立, 也可以知道对应信息的结果. 另一方面, 若 A 是 $\mathcal{F}$ 中的原子, 则 A 中的样本对此信息有相同的结果, 即由此信息无法对 A 中的样本进行进一步的划分. 例如, 知道抛掷结果 ω 为奇数, 就可以判定 ω 属于集合 $A = \{1, 3, 5\}$, 但并不能进一步确定 ω 是 A 中的哪一个样本, 因为 A 中的样本都是奇数. 想要对样本空间进行更加精细的划分, 需要在原有信息的基础上提供更多信息.

例 1.2.2　抛掷三次硬币的样本空间

$$\Omega = \{\omega : \omega = \omega_1\omega_2\omega_3, \ \omega_k = H \text{ 或 } T, \ k = 1, 2, 3\},$$

根据第一次的抛掷结果为 H 或者 T, 可将样本空间划分为

$$A_H = \{HHH, HHT, HTH, HTT\}, \quad A_T = \{THH, THT, TTH, TTT\}.$$

令 $\mathcal{F}_1 = \{\varnothing, A_H, A_T, \Omega\}$, 称 $\mathcal{F}_1$ 为由第一次抛掷结果信息生成的 σ 代数.

如果知道前两次的抛掷结果信息, 则可根据其不同结果, 将样本空间划分为

$$A_{HH} = \{HHH, HHT\}, \quad A_{HT} = \{HTH, HTT\},$$

$$A_{TH} = \{THH, THT\}, \quad A_{TT} = \{TTH, TTT\}.$$

由以上集合生成的 σ 代数记为 $\mathcal{F}_2$, 则

$$\mathcal{F}_2 = \{\varnothing, A_{HH}, A_{HT}, A_{TH}, A_{TT}, A_H, A_T, A_{HH} \cup A_{TH}, A_{HH} \cup A_{TT},$$

$$A_{HT} \cup A_{TH}, A_{HT} \cup A_{TT}, A_{HH}^c, A_{HT}^c, A_{TH}^c, A_{TT}^c, \Omega\}.$$

$\mathcal{F}_2$ 称为由前两次抛掷结果信息生成的 σ 代数.

显然 $\mathcal{F}_1 \subset \mathcal{F}_2$, 即 $\mathcal{F}_1$ 是 $\mathcal{F}_2$ 的子 σ 代数. 有更多信息时, 可以对样本空间进行更精细的划分从而得到更大的 σ 代数.

需要说明的是, 如果生成 σ 代数的子集族不是那么有 "规律", 可能无法直观描述 σ 代数由样本的什么信息生成. 以上例子给出了如何由样本信息对样本空间进行划分并生成 σ 代数, 另一种常见的划分是通过随机变量进行, 假设有一个定义在样本空间 Ω 上的随机变量 X, 我们以 X 的不同取值作为信息来对样本进行划分并生成 σ 代数, 定义如下.

定义 1.10 设 X 是定义在非空样本空间 Ω 上的随机变量, 由 X 生成的 σ 代数是所有形如 $\{\omega : X(\omega) \in B, B \in \mathcal{B}(\mathbb{R})\}$ 的 Ω 的子集族, 记为 $\sigma(X)$.

容易验证, 以上定义中的子集族满足 σ 代数的定义. $\sigma(X)$ 中的集合都具有形式 $\{X \in B\} = \{\omega : X(\omega) \in B\}$, 只要知道 $X(\omega)$ 的值, 对任意的 $B \in \mathcal{B}(\mathbb{R})$, 都可以确定 $\omega \in A = \{\omega : X(\omega) \in B\}$ 是否成立. $\sigma(X)$ 中的原子形如 $A = \{\omega : X(\omega) = c, c \in \mathbb{R}\}$, 从信息的角度, $X(\omega)$ 的值无法对原子 A 中的样本作进一步的划分.

定义 1.11 设 X 是定义在非空样本空间 Ω 上的随机变量, $\mathcal{G}$ 是 Ω 的子集的 σ 代数. 如果 $\sigma(X) \subseteq \mathcal{G}$, 则称 X 是 $\mathcal{G}$ 可测的.

在概率测度空间 $(\Omega, \mathcal{F}, P)$ 上定义随机变量 X 时, 要求 $\{X \in B\} \in \mathcal{F}$, 即 $\sigma(X) \subseteq \mathcal{F}$, 这意味着 X 是 $\mathcal{F}$ 可测的.

例 1.2.3 样本空间 $\Omega = \{\omega_1, \omega_2, \omega_3, \omega_4\}$, $\mathcal{F}$ 是由 Ω 的全部子集构成的 σ 代数, $\mathcal{F}$ 的子 σ 代数 $\mathcal{G} = \{\varnothing, \{\omega_1, \omega_3\}, \{\omega_2, \omega_4\}, \Omega\}$. 随机变量 X 和 Y 定义为

$$X(\omega_k) = k, \quad Y(\omega_k) = (-1)^k, \quad k = 1, 2, 3, 4,$$

则 $\sigma(X) = \mathcal{F} \nsubseteq \mathcal{G}$, $\sigma(Y) = \mathcal{G}$, 故 Y 是 $\mathcal{G}$ 可测的, 而 X 不是 $\mathcal{G}$ 可测的.

除了考虑随机变量关于 σ 代数的可测性, 很多时候还需要考虑随机变量函数的可测性.

定义 1.12 设 $f(x)$ 是定义在 $\mathbb{R}$ 上的实值函数, 如果对任意的 $B \in \mathcal{B}(\mathbb{R})$, 都有

$$\{x : f(x) \in B\} \in \mathcal{B}(\mathbb{R}),$$

则称 $f(x)$ 为博雷尔可测函数.

关于随机变量的博雷尔可测函数, 有以下性质.

性质 1.2.4 X 是随机变量, $f(x)$ 是博雷尔可测函数, 令 $Y = f(X)$, 则 $\sigma(Y) \subseteq \sigma(X)$.

证明 $\sigma(Y)$ 中的集合形如 $\{Y \in B\}$, $B \in \mathcal{B}(\mathbb{R})$. 由博雷尔可测函数的定义, 对任意的 $B \in \mathcal{B}(\mathbb{R})$, 存在 $D \in \mathcal{B}(\mathbb{R})$, 使得

$$\{Y \in B\} = \{f(X) \in B\} = \{X \in D\} \in \sigma(X),$$

由于 B 是任取, 故 $\sigma(Y) \subseteq \sigma(X)$. □

根据此性质, 立即有如下结果.

性质 1.2.5 随机变量 X 为 $\mathcal{G}$ 可测的, $f(x)$ 是博雷尔可测函数, 则 $Y = f(X)$ 也为 $\mathcal{G}$ 可测的.

证明 由于 X 是 $\mathcal{G}$ 可测的随机变量, 则由 $\sigma(Y) \subseteq \sigma(X) \subseteq \mathcal{G}$, 可得 Y 也是 $\mathcal{G}$ 可测的. □

性质 1.2.5 的逆命题也成立.

性质 1.2.6　设 X, Y 是随机变量, 若 Y 为 $\sigma(X)$ 可测, 则存在博雷尔可测函数 f, 使得 $Y = f(X)$.

证明　证明分以下 4 个步骤.

步骤 1　Y 为 $\sigma(X)$ 可测的指示随机变量 (见后面的定义 1.13), 即 $Y = I_A(\omega)$, 其中 $A = \{X \in B\}$, $B \in \mathcal{B}(\mathbb{R})$. 由定义可知指示函数 $I_B(X) = I_A(\omega)$, 此时存在博雷尔可测函数 $f(x) = I_B(x)$ 使得 $Y = f(X)$, 命题成立.

步骤 2　Y 为 $\sigma(X)$ 可测的简单随机变量 (指示随机变量的线性组合), 即 $Y = \sum_{k=1}^{n} c_k I_{A_k}(\omega)$, 其中 $c_k \in R$, $A_k = \{X \in B_k\}$, $B_k \in \mathcal{B}(\mathbb{R})$, $k = 1, \cdots, n$. 由于 $I_{B_k}(X) = I_{A_k}(\omega)$, 故 $Y = \sum_{k=1}^{n} c_k I_{B_k}(X)$, 记 $f(x) = \sum_{k=1}^{n} c_k I_{B_k}(x)$, 则有 $Y = f(X)$, 命题成立.

步骤 3　Y 为 $\sigma(X)$ 可测的非负随机变量, 此时存在 $\sigma(X)$ 可测的非负简单随机变量序列 $\{Y_n\}$, 满足 $\{Y_n\}$ 单调递增且 $\lim_{n \to \infty} Y_n = Y$. 由于 Y_n 为非负简单随机变量, 由第 2 步的结果可知, 存在博雷尔可测函数 $f_n(x)$, 使得 $Y_n = f_n(X)$. 记 $f(x) = \lim_{n \to \infty} f_n(x)$, 则 $f(x)$ 为博雷尔可测函数, 且 $Y = \lim_{n \to \infty} Y_n = \lim_{n \to \infty} f_n(X) = f(X)$, 命题成立.

步骤 4　Y 为一般的 $\sigma(X)$ 可测随机变量, 记 $Y^{+}(\omega) = \max\{X(\omega), 0\}$, $Y^{-}(\omega) = \max\{-X(\omega), 0\}$, 则 Y^{+}, Y^{-} 均为 $\sigma(X)$ 可测的非负随机变量, 且 $Y = Y^{+} - Y^{-}$, 由第 3 步的结果可知, 存在博雷尔可测函数 $g(x), h(x)$, 使得 $Y^{+} = g(X)$, $Y^{-} = h(X)$. 令 $f(x) = g(x) - h(x)$, 则 $f(x)$ 为博雷尔可测函数且 $Y = f(X)$, 命题成立.　□

性质 1.2.6 的证明中从指示随机变量到一般可测随机变量的证明过程称为**标准程式**, 后续也有多个定理与性质的证明会使用这一方法, 证明过程不再赘述.

注 1.2.7　随机变量 X 为 $\mathcal{G}$ 可测的, 当且仅当 $\mathcal{G}$ 中的信息足以确定 X 的值. 即只要知道了 $X(\omega)$ 的值, 对于任意的 $A \in \mathcal{G}$, 我们就能判断 $\omega \in A$ 是否成立; 反之, 对于任意的 $A \in \mathcal{G}$, 只要知道 ω 是否属于 A, 就能确定 $X(\omega)$ 的值. X 为 $\mathcal{G}$ 可测的直观表现为在 $\mathcal{G}$ 中的每一个原子上, X 的取值为常数.

1.3　期望及其计算

在本节中, 我们回顾随机变量在概率测度空间上的勒贝格积分, 并由此给出期望定义及性质.

设 X 是定义在概率空间 $(\Omega, \mathcal{F}, P)$ 上的非负随机变量, 取 $0 = y_0 < y_1 < y_2 < \cdots < y_n < \cdots$ 满足 $\lim\limits_{n \to \infty} y_n = \infty$ 为 $[0, \infty)$ 的一个划分, 对每一个 $[y_k, y_{k+1})$, 令

$$A_k = \{\omega \in \Omega : y_k \leqslant X(\omega) < y_{k+1}\},$$

定义勒贝格下和

$$LS^-(X) = \sum_{k=1}^{\infty} y_k P(A_k),$$

当 $\lambda = \max\limits_k |y_{k+1} - y_k| \to 0$ 时, 若勒贝格下和的极限

$$\lim_{\lambda \to 0} \sum_{k=1}^{\infty} y_k P(A_k)$$

存在, 则称此极限为随机变量 X 的 **勒贝格积分**, 记为

$$\int_{\Omega} X(\omega) dP(\omega) = \lim_{\lambda \to 0} \sum_{k=1}^{\infty} y_k P(A_k).$$

勒贝格积分的值可以是有限值或无穷.

若不限制 X 为非负随机变量, 定义

$$X^+(\omega) = \max\{X(\omega), 0\}, \quad X^-(\omega) = \max\{-X(\omega), 0\},$$

则 X^+, X^- 均为非负随机变量, 且 $X = X^+ - X^-$, $|X| = X^+ + X^-$. 当 $\int_{\Omega} X^+(\omega) dP(\omega)$ 和 $\int_{\Omega} X^-(\omega) dP(\omega)$ 不同时为 ∞ 时, 定义

$$\int_{\Omega} X(\omega) dP(\omega) = \int_{\Omega} X^+(\omega) dP(\omega) - \int_{\Omega} X^-(\omega) dP(\omega),$$

如果 $\int_{\Omega} X^+(\omega) dP(\omega)$ 和 $\int_{\Omega} X^-(\omega) dP(\omega)$ 均有限, 称 X 可积. 若其中一个为 ∞, 称积分发散. 如果 $\int_{\Omega} X^+(\omega) dP(\omega)$ 和 $\int_{\Omega} X^-(\omega) dP(\omega)$ 同时为 ∞, 则 $\int_{\Omega} X(\omega) dP(\omega)$ 没有定义.

定义 1.13 $(\Omega, \mathcal{F}, P)$ 是概率测度空间, 集合 $A \in \mathcal{F}$, 定义

$$I_A(\omega) = \begin{cases} 1, & \omega \in A, \\ 0, & \omega \notin A, \end{cases}$$

称为集合 A 的指示随机变量.

考虑随机变量 X 在 Ω 的某个子集 $A \in \mathcal{F}$ 上的积分, 则有

$$\int_A X(\omega)dP(\omega) = \int_\Omega I_A(\omega)X(\omega)dP(\omega).$$

定义 1.14　X 是定义在概率空间 $(\Omega, \mathcal{F}, P)$ 上的随机变量, X 的期望定义为

$$E[X] = \int_\Omega X(\omega)dP(\omega),$$

当 $E[X^+]$ 和 $E[X^-]$ 中至少有一个有限时, 上式有意义.

如果 $E[X^+]$ 和 $E[X^-]$ 都有限, 称 X 是可积的; 如果一个有限一个为无穷, 则 $E[X] = \infty$; 如果 $E[X^+]$ 和 $E[X^-]$ 均为无穷, 则 $E[X]$ 没有定义.

通过勒贝格积分的定义和性质可知期望具有如下基本性质.

性质 1.3.1　设 X 是定义在概率空间 $(\Omega, \mathcal{F}, P)$ 上的随机变量,

1. 如果 X 仅取有限多个值 $x_1, x_2, \cdots, x_n$, 则

$$E[X] = \sum_{k=1}^n x_k P(X = x_k);$$

2. (可积性) 随机变量 X 可积当且仅当

$$E[|X|] < \infty;$$

若 Y 也是定义在概率空间 $(\Omega, \mathcal{F}, P)$ 上的随机变量, 则有以下结论成立.

3. 如果 $X \leqslant Y$ 几乎必然成立, 并且 X, Y 都可积, 则

$$E[X] \leqslant E[Y];$$

4. (线性性) 如果 $\alpha, \beta \in \mathbb{R}$ 且 X, Y 都可积, 则

$$E[\alpha X + \beta Y] = \alpha E[X] + \beta E[Y];$$

5. (詹森不等式) X 是可积随机变量, $\varphi(x)$ 是凸函数, 则

$$E[\varphi(X)] \geqslant \varphi(E[X]).$$

期望是定义在概率测度空间 $(\Omega, \mathcal{F}, P)$ 上的勒贝格积分, 便于理解但通常难以直接计算, 在计算时需要先将其转化为 $\mathbb{R}$ 上的勒贝格积分.

定理 1.3.2 设 X 是定义在概率空间 $(\Omega, \mathcal{F}, P)$ 上的随机变量, $g(x)$ 是 $\mathbb{R}$ 上的博雷尔可测函数, μ_X 是 X 的分布测度, 则

$$\mathrm{E}[|g(X)|] = \int_\Omega |g(X(\omega))| dP(\omega) = \int_R |g(x)| d\mu_X(x).$$

若上式有限, 则

$$\mathrm{E}[g(X)] = \int_\Omega g(X(\omega)) dP(\omega) = \int_R g(x) d\mu_X(x).$$

证明 使用标准程式, 证明过程参见文献 [3] 第 23 页, 略. □

定理中的勒贝格积分通常仍然难以计算, 当 X 是离散型随机变量或具有密度函数的连续型随机变量时, 可将定理中的勒贝格积分转化为求和或黎曼积分进行计算.

定理 1.3.3 设 X 是定义在概率空间 $(\Omega, \mathcal{F}, P)$ 上的随机变量, $g(x)$ 是 $\mathbb{R}$ 上的博雷尔可测函数, μ_X 是 X 的分布测度, 则

1. 若 X 为离散型随机变量, 仅取有限多个值 $x_1, x_2, \cdots, x_n$, 则

$$\mathrm{E}[g(X)] = \int_R g(x) d\mu_X(x) = \sum_{k=1}^n g(x_k) P(X = x_k).$$

2. 若 X 具有密度函数 $f(x)$, 则对任意的博雷尔集 B, X 的分布测度 μ_X 满足

$$\mu_X(B) = \int_B f(x) dx,$$

并且有

$$\mathrm{E}[g(X)] = \int_R g(x) d\mu_X(x) = \int_{-\infty}^{+\infty} g(x) f(x) dx.$$

证明 使用标准程式, 证明过程参见文献 [3] 第 26 页, 略. □

1.4 期望的收敛

我们先来介绍随机变量的几种不同的收敛性定义.

定义 1.15 设 $\{X_n\}$ 是定义在概率空间 $(\Omega, \mathcal{F}, P)$ 上的一列随机变量, X 是定义在该空间的另一随机变量, 如果

$$P\Big[A = \{\omega : \lim_{n \to \infty} X_n(\omega) = X(\omega)\}\Big] = 1,$$

则称 X_n 几乎必然收敛于 X, 记为

$$\lim_{n\to\infty} X_n = X, \quad a.s.$$

或

$$X_n \xrightarrow{a.s.} X.$$

几乎必然收敛是指使得随机变量序列 $\{X_n\}$ 收敛到 X 的全体样本 ω 构成的集合概率为 1, 或者不满足此收敛条件的样本 ω 的全体为一个零概率集. 这与实函数的几乎处处收敛是同一个概念.

定义 1.16　设 $\{X_n\}$ 是定义在概率空间 $(\Omega, \mathcal{F}, P)$ 上的一列随机变量, X 是定义在该空间上的另一随机变量, 对任意的 $\varepsilon > 0$, 如果

$$\lim_{n\to\infty} P\Big[A = \{\omega : |X_n(\omega) - X(\omega)| < \varepsilon\}\Big] = 1,$$

则称 X_n 依概率收敛于 X, 记为 $X_n \xrightarrow{P} X$.

依概率收敛是指对任意的 $\varepsilon > 0$, 当 $n \to \infty$ 时, 事件 $A = \{\omega : |X_n(\omega) - X(\omega)| < \varepsilon\}$ 发生的概率趋于 1.

定义 1.17　设 $\{X_n\}$ 是定义在概率空间 $(\Omega, \mathcal{F}, P)$ 上的一列随机变量, X 是定义在该空间上的另一随机变量, $p > 0$ 且满足

$$\mathrm{E}[|X_n|^p] < \infty, \quad \mathrm{E}[|X|^p] < \infty,$$

如果

$$\lim_{n\to\infty} \mathrm{E}[|X_n - X|^p] = 0,$$

则称 X_n p 次幂平均收敛 (L_p 收敛) 于 X, 记为 $X_n \xrightarrow{L_p} X$.

特别地, 当 $p = 1$, 即 $\lim_{n\to\infty} \mathrm{E}[|X_n - X|] = 0$ 时, 称 $\{X_n\}$ **平均收敛**到 X; 当 $p = 2$, 即 $\lim_{n\to\infty} \mathrm{E}[|X_n - X|^2] = 0$ 时, 称 $\{X_n\}$ **均方收敛**到 X. 其中均方收敛是随机分析中常用的一种收敛性.

定义 1.18　概率测度空间 $(\Omega, \mathcal{F}, P)$ 上满足 $\mathrm{E}[|X|^p] < \infty$ 的随机变量 X 的全体构成的空间记为 $L^p(\Omega, \mathcal{F}, P)$.

特别地, 当 $p = 2$ 时, 平方可积随机变量构成的空间记为 $L^2(\Omega, \mathcal{F}, P)$.

随机变量序列的几乎必然收敛、L_p 收敛与依概率收敛, 分别对应于实值函数序列的几乎处处收敛、L_p 收敛以及依测度收敛, 不同收敛性之间有以下关系.

性质 1.4.1　若 $X_n \xrightarrow{a.s.} X$, 则 $X_n \xrightarrow{p} X$.

性质 1.4.2　若 $X_n \xrightarrow{L_p} X$, 则 $X_n \xrightarrow{p} X$.

性质 1.4.3　若 $X_n \xrightarrow{p} X$, 则存在 $\{X_n\}$ 的子列 $\{X_{k_n}\}$, 满足 $X_{k_n} \xrightarrow{a.s.} X$.

几乎必然收敛与 L_p 收敛都可以推出依概率收敛, 但其逆命题都不成立, 因此几乎必然收敛与 L_p 收敛都比依概率收敛的收敛性更强. 另外, 几乎必然收敛与 L_p 收敛没有强弱关系, 见下例.

例 1.4.4　取 $\Omega = [0,1]$, $\mathcal{F}$ 是 $[0,1]$ 上所有博雷尔集组成的 σ 代数, P 是 $[0,1]$ 上的均匀概率测度, 取 $X(\omega) = 0$, 定义

$$X_n(\omega) = \begin{cases} n^{\frac{1}{r}}, & \omega \in \left(0, \dfrac{1}{n}\right], \\ 0, & \omega \notin \left(0, \dfrac{1}{n}\right], \end{cases} \quad r \in (0,1],$$

以及

$$X_n'(\omega) = \begin{cases} 1, & \omega \in \left(\dfrac{i-1}{2^k}, \dfrac{i}{2^k}\right], \\ 0, & \omega \notin \left(\dfrac{i-1}{2^k}, \dfrac{i}{2^k}\right], \end{cases} \quad i = 1,2,3,\cdots,2^k,$$

其中 k,i 为正整数 n 满足 $n = 2^k + i$, $1 \leqslant i \leqslant 2^k$ 的唯一分解式中的值.

可以验证 $X_n \xrightarrow{a.s.} X$ 以及 $X_n' \xrightarrow{L_r} X$ 成立, 但 $X_n \xrightarrow{L_r} X$ 以及 $X_n' \xrightarrow{a.s.} X$ 都不成立.

若随机变量序列 $\{X_n\}$ 收敛于 X, 下面两个定理分别给出了随机变量序列的期望收敛于其极限的期望的充分条件, 证明可参见任意实变函数论教材相应定理的证明.

定理 1.4.5　(单调收敛定理) 设 $\{X_n\}$ 是定义在概率空间 $(\Omega, \mathcal{F}, P)$ 上的一列随机变量, X 是定义在该空间上的另一随机变量, 若 X_n 几乎必然收敛于 X, 并且

$$0 \leqslant X_1 \leqslant X_2 \leqslant \cdots \leqslant X_n \leqslant \cdots \quad a.s.$$

则

$$\lim_{n\to\infty} \mathrm{E}[X_n] = \mathrm{E}[\lim_{n\to\infty} X_n] = \mathrm{E}[X].$$

定理 1.4.6　(控制收敛定理) 设 $\{X_n\}$ 是定义在概率空间 $(\Omega, \mathcal{F}, P)$ 上的一列随机变量, X 是定义在该空间上的另一随机变量, 若 X_n 几乎必然收敛 (或依概率收敛) 于 X, 并且存在另一个随机变量 Y, 满足 $\mathrm{E}[Y] < \infty$ 并且对所有的 n, $|X_n| \leqslant Y$ 几乎必然成立, 则

$$\lim_{n\to\infty} \mathrm{E}[X_n] = \mathrm{E}[\lim_{n\to\infty} X_n] = \mathrm{E}[X].$$

特别地, 如果随机变量序列 $\{X_n\}$ 有界, 即存在常数 M, 使得对所有的 n, 有 $|X_n| \leqslant M$ 几乎必然成立, 则控制收敛定理成立.

推论 1.4.7　设 $\{X_n\}$ 是定义在概率空间 $(\Omega, \mathcal{F}, P)$ 上的一列随机变量, X 是定义在该空间上的另一随机变量, 若 X_n 几乎必然收敛 (或依概率收敛) 于 X, 并且存在常数 M, 使得对所有的 n, 有 $|X_n| \leqslant M$ 几乎必然成立, 则

$$\lim_{n\to\infty} \mathrm{E}[X_n] = \mathrm{E}[\lim_{n\to\infty} X_n] = \mathrm{E}[X].$$

1.5　随机变量的独立性

在考虑随机变量与 σ 代数的关系时, 与可测相对应的另一个极端情形是 σ 代数 $\mathcal{G}$ 中的信息对于确定随机变量的值没有任何帮助, 也就是所谓的独立性.

定义 1.19　$(\Omega, \mathcal{F}, P)$ 是概率空间, 事件 $A, B \in \mathcal{F}$, 如果

$$P(A \cap B) = P(A) \cdot P(B),$$

则称事件 A, B 独立.

当事件 A, B 独立时, 条件概率

$$P(A|B) = \frac{P(A \cap B)}{P(B)} = P(A),$$

即 B 发生的条件下 A 发生的概率等于事件 A 发生的无条件概率, 无论 B 是否发生都不影响 A 发生的概率. 反之, 无论 A 是否发生也不影响 B 发生的概率. 总之, A, B 其中之一是否发生都不影响另一事件发生的概率, 这就是事件独立的特征.

下面将事件的独立推广到 σ 代数的独立.

定义 1.20　$(\Omega, \mathcal{F}, P)$ 是概率空间, $\mathcal{G}$ 和 $\mathcal{H}$ 是 $\mathcal{F}$ 的子 σ 代数. 如果对任意的 $A \in \mathcal{G}, B \in \mathcal{H}$ 都有

$$P(A \cap B) = P(A) \cdot P(B),$$

则称 σ 代数 $\mathcal{G}$ 和 $\mathcal{H}$ 是独立的.

σ 代数 $\mathcal{G}$ 和 $\mathcal{H}$ 独立, 则 $\mathcal{G}$ 中任一事件 A 是否发生都不影响 $\mathcal{H}$ 中任一事件 B 发生的概率, 反之亦如此.

如果随机变量 X 生成的 σ 代数 $\sigma(X)$ 与 $\mathcal{G}$ 独立, 称随机变量 X 独立于 $\mathcal{G}$. 如果两个随机变量 X, Y 生成的 σ 代数 $\sigma(X)$ 和 $\sigma(Y)$ 独立, 则称随机变量 X 和 Y 独立.

若随机变量 X 独立于 σ 代数 $\mathcal{G}$, 取 $A = \{X \leqslant x\} \in \sigma(X)$, 对任意的 $B \in \mathcal{G}$, 有 $P(A|B) = P(A)$, 即

$$P(X \leqslant x|B) = P(X \leqslant x).$$

令 $F_{X|B}(x|B) = P(X \leqslant x|B)$ 表示条件 B 下 X 的条件累积分布函数, 则有

$$F_{X|B}(x|B) = F_X(x),$$

由于 B 为任取的, 上式表明 $\mathcal{G}$ 中任一事件发生时 X 的条件分布都等于无条件分布.

注 1.5.1 随机变量 X 独立于 σ 代数 $\mathcal{G}$ 意味着 $\mathcal{G}$ 中的信息对于确定随机变量 X 的值没有任何帮助, 其直观表现为在 $\mathcal{G}$ 中的任一集合上 X 都有着完全相同的分布.

独立性可以推广到如下多个 σ 代数的情形.

定义 1.21 $(\Omega, \mathcal{F}, P)$ 是概率空间, $\mathcal{G}_1, \mathcal{G}_2, \cdots, \mathcal{G}_n$ 是 $\mathcal{F}$ 的子 σ 代数. 如果对任意的 $A_k \in \mathcal{G}_k$ 都有

$$P(A_1 \cap A_2 \cap \cdots \cap A_n) = P(A_1)P(A_2) \cdots P(A_n),$$

则称 σ 代数 $\mathcal{G}_1, \mathcal{G}_2, \cdots, \mathcal{G}_n$ 独立.

若 $\mathcal{G}_k$ 是由随机变量 X_k 生成的 σ 代数 $\sigma(X_k)$, 则称随机变量 $X_1, X_2, \cdots, X_n$ 独立.

随机变量的独立性是通过其 σ 代数的独立性给出的, 在实际中通常很难使用定义来验证随机变量的独立性. 通过下面的定义, 我们给出一些常用的验证随机变量独立性的方法.

定义 1.22 X, Y 是随机变量, 二维随机变量 (X, Y) 的联合分布测度定义为

$$\mu_{X,Y}(C) = P((X, Y) \in C), \quad \forall C \in \mathbb{R}^2.$$

X 和 Y 的**边际分布测度**定义为

$$\mu_X(A) = P(X \in A) = \mu_{X,Y}(A \times \mathbb{R}), \quad \forall A \in \mathcal{B}(\mathbb{R}),$$

$$\mu_Y(B) = P(Y \in B) = \mu_{X,Y}(\mathbb{R} \times B), \quad \forall B \in \mathcal{B}(\mathbb{R}).$$

(X, Y) 的**联合累积分布函数** $F_{X,Y}(x, y)$ 定义为

$$F_{X,Y}(x, y) = P(X \leqslant x, Y \leqslant y) = \mu_{X,Y}((-\infty, x] \times (-\infty, y]),$$

X 和 Y 的**边际累积分布函数**定义为

$$F_X(x) = P(X \leqslant x) = \mu_X((-\infty, x]), \quad \forall x \in \mathbb{R},$$

$$F_Y(y) = P(Y \leqslant y) = \mu_Y((-\infty, y]), \quad \forall y \in \mathbb{R}.$$

如果存在 $f_{X,Y}(x,y)$ 使得对任意的 $x, y \in \mathbb{R}$ 有

$$F_{X,Y}(x,y) = \int_{-\infty}^{x} \int_{-\infty}^{y} f_{X,Y}(u,v) dv du,$$

则称 $f_{X,Y}(x,y)$ 为 (X,Y) 的**联合密度函数**. 并定义 X 和 Y 的**边际密度函数**为

$$f_X(x) = \int_{-\infty}^{+\infty} f_{X,Y}(x,y) dy, \quad f_Y(y) = \int_{-\infty}^{+\infty} f_{X,Y}(x,y) dx.$$

定义 1.23　X 是定义在概率空间 $(\Omega, \mathcal{F}, P)$ 上的随机变量, X 的矩母函数定义为

$$\varphi_X(u) = \mathrm{E}[\mathrm{e}^{uX}], \quad \forall\, u \in \mathbb{R}.$$

随机变量的矩母函数与特征函数一样, 能唯一确定随机变量的分布.

例 1.5.2　若 $X \sim N(\mu, \sigma^2)$, 确定 X 的矩母函数 $\varphi_X(u)$.

解　由定义直接计算得

$$\begin{aligned}
\varphi_X(u) &= \int_{-\infty}^{+\infty} \mathrm{e}^{ux} \frac{1}{\sqrt{2\pi}\sigma} \mathrm{e}^{-\frac{(x-\mu)^2}{2\sigma^2}} dx \\
&= \mathrm{e}^{u\mu + \frac{1}{2}u^2\sigma^2} \cdot \int_{-\infty}^{+\infty} \frac{1}{\sqrt{2\pi}\sigma} \mathrm{e}^{-\frac{(x-\mu-u\sigma^2)^2}{2\sigma^2}} dx \\
&= \mathrm{e}^{u\mu + \frac{1}{2}u^2\sigma^2}.
\end{aligned}$$

特别地, 当 X 为标准正态随机变量时, 有 $\varphi_X(u) = \mathrm{e}^{\frac{1}{2}u^2}$.

借助以上定义, 下面给出随机变量独立性的判定定理, 其证明可参见文献 [3] 第 48 页.

定理 1.5.3　设 X 和 Y 是定义在概率空间 $(\Omega, \mathcal{F}, P)$ 上的随机变量, 以下条件等价:

1. X 与 Y 独立.

2. 联合分布测度可因子分解为

$$\mu_{X,Y}(A \times B) = \mu_X(A) \cdot \mu_Y(B), \quad \forall A, B \in \mathcal{B}(\mathbb{R}).$$

3. 联合累积分布函数可因子分解为

$$F_{X,Y}(x,y) = F_X(x) \cdot F_Y(y), \quad \forall x, y \in \mathbb{R}.$$

4. 联合矩母函数可因子分解为

$$\mathrm{E}[\mathrm{e}^{uX+vY}] = \mathrm{E}[\mathrm{e}^{uX}] \cdot \mathrm{E}[\mathrm{e}^{vY}], \quad \forall u, v \in \mathbb{R}.$$

5. 如果 (X, Y) 存在联合密度函数 $f_{X,Y}(x, y)$, 则其可分解为

$$f_{X,Y}(x, y) = f_X(x) \cdot f_Y(y), \quad \forall x, y \in \mathbb{R}.$$

在实际中, 有时我们考虑的对象不仅是随机变量本身, 也可能是关于随机变量的某个函数, 此时可通过如下定理来保证其独立性.

定理 1.5.4 若随机变量 X, Y 独立, $f(x)$ 和 $g(x)$ 是博雷尔可测函数, 则 $f(X)$ 和 $g(Y)$ 也是独立的随机变量.

证明 该证明参见文献 [3] 第 47 页. □

借助随机变量独立性的判别, 由以下定理可判定随机变量与 σ 代数的独立性.

定理 1.5.5 随机变量 X 独立于 σ 代数 $\mathcal{G}$, 当且仅当 X 独立于任意 $\mathcal{G}$ 可测的随机变量.

证明 ($\Rightarrow$) 当 X 独立于 σ 代数 $\mathcal{G}$ 时, 由于对任意 $\mathcal{G}$ 可测的随机变量 Y, 有 $\sigma(Y) \subseteq \mathcal{G}$, 而 $\sigma(X)$ 独立于 $\mathcal{G}$, 故有 $\sigma(X)$ 独立于 $\sigma(Y)$. 由 Y 的任意性可知 X 独立于任意 $\mathcal{G}$ 可测的随机变量.

($\Leftarrow$) 若 X 独立于任意 $\mathcal{G}$ 可测的随机变量, 任取事件 $A \in \mathcal{G}$, 由于指示随机变量 I_A 为 $\mathcal{G}$ 可测, 故 X 独立于 I_A, 可知事件 A 独立于 σ 代数 $\sigma(X)$, 由 A 的任意性可得 $\sigma(X)$ 独立于 $\mathcal{G}$. □

除了独立性以外, 相关性也是随机变量之间的一个重要性质.

定义 1.24 设随机变量 X 和 Y 的期望值均有限, 则 X 的方差定义为

$$\text{Var}[X] = \text{E}[(X - \text{E}[X])^2],$$

X 和 Y 的协方差定义为

$$\text{Cov}(X, Y) = \text{E}[(X - \text{E}[X])(Y - \text{E}[Y])],$$

当 $0 < \text{Var}[X], \text{Var}[Y] < \infty$ 时, X 和 Y 的相关系数定义为

$$\rho(X, Y) = \frac{\text{Cov}(X, Y)}{\sqrt{\text{Var}[X] \cdot \text{Var}[Y]}}.$$

由期望的线性性知

$$\text{Var}[X] = \text{E}[X^2] - (\text{E}[X])^2, \ \text{Cov}(X, Y) = \text{E}[XY] - \text{E}[X]\text{E}[Y],$$

两个随机变量 X 和 Y 的相关系数满足 $|\rho(X, Y)| \leqslant 1$. 若 $|\rho(X, Y)| = 1$, 则称 X 和 Y **线性相关**; 若 $\rho(X, Y) = 0$, 则称 X 和 Y **不相关** (或线性无关), 此时 $\text{Cov}(X, Y) = 0$.

性质 1.5.6 随机变量 X 和 Y 独立, 则

$$\mathrm{E}[XY] = \mathrm{E}[X] \cdot \mathrm{E}[Y].$$

此时有 $\mathrm{Cov}(X, Y) = 0$, 即 X 和 Y 不相关, 故有以下结论.

性质 1.5.7 随机变量 X 和 Y 独立, 则 X 和 Y 不相关.

随机变量独立是不相关的充分条件, 反之不成立, 即随机变量不相关无法得到其独立性. 但有一种常见的特殊情形, 当随机变量服从联合正态分布时, 独立和不相关是等价的.

定义 1.25 若 X 和 Y 具有联合密度函数

$$f_{X,Y}(x,y) = \frac{1}{2\pi\sigma_1\sigma_2\sqrt{1-\rho^2}} e^{-\frac{1}{2(1-\rho^2)}\left[\frac{(x-\mu_1)^2}{\sigma_1^2} - \frac{2\rho(x-\mu_1)(y-\mu_2)}{\sigma_1\sigma_2} + \frac{(y-\mu_2)^2}{\sigma_2^2}\right]},$$

其中 $\mu_1,\ \mu_2 \in \mathbb{R},\ \sigma_1,\ \sigma_2 > 0,\ |\rho| \leqslant 1$, 则称 (X, Y) 为二维联合正态随机变量, 记为 $(X, Y) \sim N(\mu_1, \mu_2, \sigma_1^2, \sigma_2^2, \rho)$.

若 X 和 Y 为二维联合正态随机变量, 求出 X 和 Y 的边际密度, 可得 X 和 Y 均为正态随机变量, 且 $X \sim (\mu_1, \sigma_1^2)$, $Y \sim (\mu_2, \sigma_2^2)$, ρ 为其相关系数. 当 $\rho = 0$ 时, X 和 Y 的联合密度函数可分解为其边际密度的乘积, 因此有以下结果.

性质 1.5.8 X 和 Y 为二维联合正态随机变量, 则 X 和 Y 独立当且仅当 X 和 Y 不相关.

联合正态随机变量的一个重要性质是其线性组合仍为联合正态随机变量.

性质 1.5.9 X 和 Y 为二维联合正态随机变量, 令 $U = aX + bY$, $V = cX + dY$, 其中 $a, b, c, d \in \mathbb{R}$ 且 $ad - bc \neq 0$. 则 U 和 V 也为二维联合正态随机变量.

由于独立的正态随机变量是联合正态随机变量, 故可用独立正态随机变量的线性组合得到联合正态随机变量. 反之也可从联合正态随机变量出发, 得到独立的正态随机变量.

例 1.5.10 设 $(X, Y) \sim (\mu_1, \mu_2, \sigma_1^2, \sigma_2^2, \rho)$, 令 $W = Y - aX$, $a \in \mathbb{R}$, 确定 a 的值, 使得 W 与 X 独立.

解 (X, Y) 为联合正态随机变量, W 为 X, Y 的线性组合, 故 (X, W) 也为联合正态随机变量. W 与 X 独立当且仅当 W 与 X 不相关, 故 $\mathrm{Cov}(X, W) = 0$, 由

$$\begin{aligned}
\mathrm{Cov}(X, W) &= \mathrm{Cov}(X, Y - aX) \\
&= \mathrm{Cov}(X, Y) - a\mathrm{Cov}(X, X) \\
&= \rho\sigma_1\sigma_2 - a\sigma_1^2 = 0,
\end{aligned}$$

可得 $a = \dfrac{\rho\sigma_2}{\sigma_1}$.

1.6 条件期望

X 是定义在概率空间 $(\Omega, \mathcal{F}, P)$ 上的随机变量, $\mathcal{G}$ 是 $\mathcal{F}$ 的子 σ 代数. 若 X 为 $\mathcal{G}$ 可测, 则 $\mathcal{G}$ 中的信息可以完全确定随机变量 X 的值, 直观表现为 X 在 $\mathcal{G}$ 中的原子上为常数值, 若 X 独立于 $\mathcal{G}$, 则 $\mathcal{G}$ 中的信息对确定随机变量 X 的值没有任何帮助, 直观表现为 X 在 $\mathcal{G}$ 中的任何子集上都有相同的条件分布. 现在我们考虑介于两者之间的情形, 即 $\mathcal{G}$ 中的信息不能完全确定随机变量 X 的值, 但可以给出关于随机变量 X 的估计. 这就是随机变量的条件期望, 它是随机分析中非常重要的概念.

我们从以下实际例子出发来理解条件期望.

例 1.6.1 令有限样本空间 Ω 为学校全体同学, $\mathcal{F}$ 为其全部子集构成的 σ 代数, P 为均匀概率测度. 假设定义在 $(\Omega, \mathcal{F}, P)$ 上的离散型随机变量 X 表示全体同学参加的某次考试成绩.

只要知道学生的信息 (即确定了 ω), 就可以确定其考试成绩 $X(\omega)$. 反之, 如果完全不知道学生的任何信息, 即在无法确定 ω 时, 如何估计 $X(\omega)$ 的值? 此时可用全体同学成绩的期望值 $Y(\omega) = \mathrm{E}[X]$ 来估计 $X(\omega)$. 也就是说, 在没有任何学生信息时, 我们以全体同学的平均成绩来描述每一个人的考试成绩.

如果确定了 ω 的部分信息, 比如已知其所属的年级, 则在估计时不必再使用全体同学的成绩, 而用所在年级的平均成绩进行估计即可. 不妨令学校共有 n 个年级, 用 G_k, $k = 1, 2, \cdots, n$ 表示第 k 个年级同学构成的子集. 则 $\Omega = \bigcup\limits_{k=1}^{n} G_k$. 令

$$y_k = \frac{\sum\limits_{\omega \in G_k} X(\omega)}{|G_k|}$$

表示第 k 个年级的平均分, 定义

$$Y(\omega) = \sum_{k=1}^{n} y_k I_{G_k}(\omega).$$

当 $\omega \in G_k$ 时, 以第 k 个年级的平均分 $Y(\omega) = y_k$ 作为其成绩 $X(\omega)$ 的估计, 于是 $Y(\omega)$ 可以看作已知年级信息时 $X(\omega)$ 的估计值.

令 $\mathcal{G}$ 表示由子集族 $\{G_k, k = 1, 2, \cdots, n\}$ 生成的 σ 代数, 称为由年级信息生成的 σ 代数, 对于任意的 $A \in \mathcal{G}$, 只要知道 ω 的年级信息就可以判定其是否属于 A. $Y(\omega)$ 作为已知年级信息时 $X(\omega)$ 的估计值, 具有以下两个特征:

1. $Y(\omega)$ 是 $\mathcal{G}$ 可测的随机变量;

2. $Y(\omega)$ 在 $\mathcal{G}$ 中的任意原子 G_k 内取值为其期望值 y_k.

$Y(\omega)$ 称为随机变量 $X(\omega)$ 基于 σ 代数 $\mathcal{G}$ 的条件期望, 下面给出条件期望的一般定义.

定义 1.26　设 X 是定义在概率空间 $(\Omega, \mathcal{F}, P)$ 上的可积随机变量, $\mathcal{G}$ 是 $\mathcal{F}$ 的子 σ 代数. 若随机变量 Y 满足以下性质:

1. Y 为 $\mathcal{G}$ 可测的;
2. 对任意的 $A \in \mathcal{G}$, 有

$$\int_A Y(\omega)dP(\omega) = \int_A X(\omega)dP(\omega),$$

则称 Y 为 X 基于 σ 代数 $\mathcal{G}$ 的条件期望, 记为 $Y = \mathrm{E}[X|\mathcal{G}]$.

若条件期望中的 σ 代数 $\mathcal{G}$ 由随机变量 W 生成, 将 $\mathrm{E}[X|\sigma(W)]$ 简记为 $\mathrm{E}[X|W]$. 条件期望定义中第一个性质称为**可测性**, X 基于 $\mathcal{G}$ 的条件期望 Y 是 $\mathcal{G}$ 可测的随机变量, 故 $\mathcal{G}$ 中的信息可以确定 Y 的值; 第二个性质称为**部分平均性**, 若 Y 是 X 基于 $\mathcal{G}$ 的条件期望, 可用期望的形式表示为, 对任意的 $A \in \mathcal{G}$, 有

$$\mathrm{E}[I_A Y] = \mathrm{E}[I_A X].$$

以定义在有限样本空间上的离散型随机变量为例, 假设 A 是 σ 代数 $\mathcal{G}$ 中的原子, 当 $\omega \in A$ 时, 由部分平均性

$$\int_A Y(\omega)dP(\omega) = \int_A X(\omega)dP(\omega),$$

又 $Y = \mathrm{E}[X|\mathcal{G}]$ 在 $\mathcal{G}$ 中的原子 A 上取常数值, 可得

$$\mathrm{E}[X|\mathcal{G}](\omega) \cdot P(A) = \sum_{\omega \in A} X(\omega)P(\omega),$$

即

$$\mathrm{E}[X|\mathcal{G}](\omega) = \sum_{\omega \in A} X(\omega)P(\omega|A).$$

上式表明 X 基于 $\mathcal{G}$ 的条件期望在每个原子上所取的常数值正是随机变量 X 在此原子上的期望值.

可以看出, 若给定随机变量的 σ 代数, 条件期望是对随机变量的一个估计. σ 代数越精细, 所给的信息越多, 则可以在越小的范围对随机变量进行估计, 精度就越高. 无条件期望 $\mathrm{E}[X]$ 可看作条件期望 $\mathrm{E}[X|\mathcal{G}]$ 在 $\mathcal{G} = \{\varnothing, \Omega\}$ 时的特殊情形, 此时 $\mathcal{G}$ 为平凡 σ 代数, 没有任何样本信息, 做出的估计也是最粗糙的.

例1.6.2 样本空间 $\Omega = \{\omega_1, \omega_2, \omega_3, \omega_4\}$, $\mathcal{F}$ 是 Ω 所有子集构成的 σ 代数, 概率测度 $P(\omega_k) = \frac{1}{4}$, 随机变量 $X(\omega_k) = k, k = 1, 2, 3, 4.$ $\mathcal{G} = \{\varnothing, \Omega, \{\omega_1, \omega_3\}, \{\omega_2, \omega_4\}\}$ 是 $\mathcal{F}$ 的子 σ 代数. 求 $\mathrm{E}[X|\mathcal{G}]$.

解 令 $A = \{\omega_1, \omega_3\}$, $A^c = \{\omega_2, \omega_4\}$. 则 $P(A) = P(A^c) = \frac{1}{2}$. 由于 $\mathrm{E}[X|\mathcal{G}]$ 为 $\mathcal{G}$ 可测的, 故其在 $\mathcal{G}$ 中的原子 A 与 A^c 上分别为常数值.

当 $\omega \in A$ 时, 由部分平均性

$$\int_A \mathrm{E}[X|\mathcal{G}]dP = \int_A X dP,$$

即

$$\mathrm{E}[X|\mathcal{G}](\omega) \cdot P(A) = X(\omega_1)P(\omega_1) + X(\omega_3)P(\omega_3),$$

直接计算可得

$$\mathrm{E}[X|\mathcal{G}](\omega) = 2, \quad \omega \in A,$$

同理可得

$$\mathrm{E}[X|\mathcal{G}](\omega) = 3, \quad \omega \in A^c,$$

故

$$\mathrm{E}[X|\mathcal{G}](\omega) = \begin{cases} 2, & \omega \in \{\omega_1, \omega_3\}, \\ 3, & \omega \in \{\omega_2, \omega_4\}. \end{cases}$$

随机变量基于 σ 代数的条件期望是否一定存在? 如果存在是否唯一? 关于条件期望的存在唯一性有如下的结果.

定理 1.6.3 X 是概率空间 $(\Omega, \mathcal{F}, P)$ 上的随机变量, $\mathcal{G}$ 是 $\mathcal{F}$ 的子 σ 代数. 则

1. X 基于 $\mathcal{G}$ 的条件期望存在;

2. 若 Y, Z 均为 X 基于 $\mathcal{G}$ 的条件期望, 则 $Y = Z, a.s.$

基于拉东–尼科迪姆定理 (定理 3.4.8), 可以证明随机变量 X 基于 σ 代数 $\mathcal{G}$ 的条件期望 $\mathrm{E}[X|\mathcal{G}]$ 存在. 另一方面, 若 Y, Z 均为 X 基于 $\mathcal{G}$ 的条件期望, 则有 $Y = Z, a.s.$, 即在几乎必然相等的意义下 $\mathrm{E}[X|\mathcal{G}]$ 是唯一的. 证明可参见文献 [3] 第 57 页及其附录.

随机变量的条件期望有以下性质.

性质 1.6.4 X 是定义在概率空间 $(\Omega, \mathcal{F}, P)$ 上的随机变量, $\mathcal{G}$ 是 $\mathcal{F}$ 的子 σ 代数.

1. 若 X 为 $\mathcal{G}$ 可测的, 则 $\mathrm{E}[X|\mathcal{G}] = X, a.s.$;

2. 若 $X \geqslant 0$, 则 $\mathrm{E}[X|\mathcal{G}] \geqslant 0$, $a.s.$;

3. (无偏估计) $\mathrm{E}[\mathrm{E}[X|\mathcal{G}]] = \mathrm{E}[X]$.

证明   1. 令 Y 为 $\mathcal{G}$ 可测的, 且 $Y = X$, $a.s.$, 则 Y 满足可测性及部分平均性, Y 即为 X 基于 $\mathcal{G}$ 的条件期望. 故 $\mathrm{E}[X|\mathcal{G}] = X$, $a.s.$

2. 令 $A = \{\omega : \mathrm{E}[X|\mathcal{G}] < 0\}$, 则 $A \in \mathcal{G}$, 由部分平均性, 有

$$\int_A \mathrm{E}[X|\mathcal{G}]dP = \int_A XdP,$$

又 $X \geqslant 0$, $\mathrm{E}[X|\mathcal{G}] < 0$, $\omega \in A$, 故有 $P(A) = 0$, 即 $\mathrm{E}[X|\mathcal{G}] \geqslant 0$, $a.s.$

3. 在部分平均性中取 $A = \Omega$ 即得. $\square$

性质 1.6.5 $(\Omega, \mathcal{F}, P)$ 是概率空间, $\mathcal{G}$ 是 $\mathcal{F}$ 的子 σ 代数.

1. (线性性) 若 X, Y 是可积随机变量, a, b 是常数, 则

$$\mathrm{E}[aX + bY|\mathcal{G}] = a\mathrm{E}[X|\mathcal{G}] + b\mathrm{E}[Y|\mathcal{G}];$$

2. (提取已知量) 若 X, Y, XY 都是可积随机变量, 并且 X 是 $\mathcal{G}$ 可测的, 则

$$\mathrm{E}[XY|\mathcal{G}] = X\mathrm{E}[Y|\mathcal{G}];$$

3. (累次条件期望) 若 X 是可积随机变量, $\mathcal{H}$ 是 $\mathcal{G}$ 的子 σ 代数, 则

$$\mathrm{E}[\mathrm{E}[X|\mathcal{G}]|\mathcal{H}] = \mathrm{E}[X|\mathcal{H}];$$

4. (独立性) 若 X 是可积随机变量并且独立于 $\mathcal{G}$, 则

$$\mathrm{E}[X|\mathcal{G}] = \mathrm{E}[X];$$

5. (詹森不等式) X 是可积随机变量, $\varphi(x)$ 是凸函数, 则

$$\mathrm{E}[\varphi(X)|\mathcal{G}] \geqslant \varphi(\mathrm{E}[X|\mathcal{G}]).$$

性质 1.6.5 的证明可参见文献 [3] 第 58 页.

由条件期望的性质可知, 若 X 独立于 $\mathcal{G}$, 则 $\mathrm{E}[X|\mathcal{G}] = \mathrm{E}[X]$, 即条件期望等于无条件期望, 但反之不成立. 要验证随机变量 X 独立于 $\mathcal{G}$, 借助矩母函数有如下定理.

定理 1.6.6 X 是概率空间 $(\Omega, \mathcal{F}, P)$ 上的随机变量, $\varphi_X(u) = \mathrm{E}[e^{uX}]$ 是 X 的矩母函数, $\mathcal{G}$ 是 $\mathcal{F}$ 的子 σ 代数. 则 X 独立于 $\mathcal{G}$ 当且仅当

$$\mathrm{E}[\mathrm{e}^{uX}|\mathcal{G}] = \varphi_X(u).$$

证明 ($\Rightarrow$) 当 X 独立于 $\mathcal{G}$ 时, e^{uX} 独立于 $\mathcal{G}$, 故

$$\mathrm{E}[\mathrm{e}^{uX}|\mathcal{G}] = \mathrm{E}[\mathrm{e}^{uX}] = \varphi_X(u).$$

($\Leftarrow$) 要证明 X 独立于 $\mathcal{G}$, 只需证明 X 独立于任意 $\mathcal{G}$ 可测的随机变量. 对任意 $\mathcal{G}$ 可测的随机变量 Y, 以及 $u, v \in \mathbb{R}$, 由 X, Y 的联合矩母函数

$$\mathrm{E}[\mathrm{e}^{uX+vY}] = \mathrm{E}[\mathrm{E}[\mathrm{e}^{uX+vY}|\mathcal{G}]] = \mathrm{E}[\mathrm{e}^{vY} \cdot \mathrm{E}[\mathrm{e}^{uX}|\mathcal{G}]]$$

$$= \mathrm{E}[\mathrm{e}^{vY} \cdot \mathrm{E}[\mathrm{e}^{uX}]] = \mathrm{E}[\mathrm{e}^{uX}] \cdot \mathrm{E}[\mathrm{e}^{vY}],$$

可得 X, Y 独立, 故 X 独立于 $\mathcal{G}$. □

例 1.6.7 X 是概率空间 $(\Omega, \mathcal{F}, P)$ 上的随机变量, $\mathcal{G}$ 是 $\mathcal{F}$ 的子 σ 代数. 证明:

$$\mathrm{E}[(\mathrm{E}[X|\mathcal{G}])^2] \leqslant \mathrm{E}[X^2].$$

证明 $\varphi(x) = x^2$ 是凸函数, 由詹森不等式可得

$$\mathrm{E}[X^2|\mathcal{G}] \geqslant (\mathrm{E}[X|\mathcal{G}])^2,$$

两边取期望有

$$\mathrm{E}[\mathrm{E}[X^2|\mathcal{G}]] \geqslant \mathrm{E}[(\mathrm{E}[X|\mathcal{G}])^2],$$

又 $\mathrm{E}[\mathrm{E}[X^2|\mathcal{G}]] = \mathrm{E}[X^2]$, 故

$$\mathrm{E}[X^2] \geqslant \mathrm{E}[(\mathrm{E}[X|\mathcal{G}])^2]. \qquad \square$$

例 1.6.8 设 $(\Omega, \mathcal{F}, P)$ 是概率空间, 随机变量 $X \in L^2(\Omega, \mathcal{F}, P)$ (定义 1.18). $\mathcal{G}$ 是 $\mathcal{F}$ 的子 σ 代数. 证明: 对任意的 $\mathcal{G}$ 可测随机变量 Y, 都有

$$\mathrm{E}[(X - \mathrm{E}[X|\mathcal{G}])^2] \leqslant \mathrm{E}[(X - Y)^2].$$

即 $Y = \mathrm{E}[X|\mathcal{G}]$ 是使得 $\mathrm{E}[(X - Y)^2]$ 取最小值的 $\mathcal{G}$ 可测随机变量.

证明留作练习.

注 1.6.9 若 X 是概率空间 $(\Omega, \mathcal{F}, P)$ 上满足 $\mathrm{E}[X^2] < +\infty$ 的随机变量, 条件期望 $Y = \mathrm{E}[X|\mathcal{G}]$ 可看作由 $L^2(\Omega, \mathcal{F}, P)$ 在其线性子空间 $L^2(\Omega, \mathcal{G}, P)$ 上的投影, 故 $Y = \mathrm{E}[X|\mathcal{G}]$ 就是使得距离 $\mathrm{E}[(X - Y)^2]$ 最小的 $\mathcal{G}$ 可测随机变量.

下面的独立性引理是计算条件期望时非常有用的工具.

引理 1.6.10 (独立性引理) 设 $(\Omega, \mathcal{F}, P)$ 是概率空间, $\mathcal{G}$ 是 $\mathcal{F}$ 的子 σ 代数. 随机变量 $X_1, \cdots, X_n$ 为 $\mathcal{G}$ 可测, 而 $Y_1, \cdots, Y_m$ 独立于 $\mathcal{G}$. $f(x_1, \cdots, x_n, y_1, \cdots, y_m)$ 是多元的博雷尔可测函数, 令

$$\mathrm{E}[f(x_1, \cdots, x_n, Y_1, \cdots, Y_m)] = g(x_1, \cdots, x_n),$$

则

$$\mathrm{E}[f(X_1, \cdots, X_n, Y_1, \cdots, Y_m)|\mathcal{G}] = g(X_1, \cdots, X_n).$$

证明 参见文献 [5] 第 13 页定理 1.3.3.   □

例 1.6.11 二维随机变量 $(X, Y) \sim N(\mu_1, \mu_2, \sigma_1^2, \sigma_2^2, \rho)$, 计算 $\mathrm{E}[f(Y)|X]$.

解 我们运用独立性引理来求条件期望. 由于 X, Y 不独立, 无法直接使用引理, 但 (X, Y) 为二维联合正态随机变量, 于是可将 Y 分解为 X 可测以及独立于 X 的两部分后, 使用独立性引理即可.

令 $Z = Y - aX$, 其中 a 为待定系数. 由于联合正态随机变量的线性组合仍为联合正态随机变量, 故 X, Z 独立当且仅当 X, Z 不相关. 由

$$\mathrm{Cov}(X, Z) = \mathrm{Cov}(X, Y - aX) = \mathrm{Cov}(X, Y) - a\mathrm{Cov}(X, X) = \rho\sigma_1\sigma_2 - a\sigma_1^2 = 0$$

可解得 $a = \dfrac{\rho\sigma_2}{\sigma_1}$. 由此可得 Z 是期望为 $\mu_3 = \mu_2 - \dfrac{\rho\sigma_2}{\sigma_1}\mu_1$, 方差为 $\sigma_3^2 = (1 - \rho^2)\sigma_2^2$ 的正态随机变量. 于是 $Y = \dfrac{\rho\sigma_2}{\sigma_1}X + Z$, 其中 X, Z 是独立的正态随机变量. 令

$$g(x) = \mathrm{E}\left[f\left(\frac{\rho\sigma_2}{\sigma_1}x + Z\right)\right] = \int_{-\infty}^{+\infty} \frac{1}{\sqrt{2\pi}\sigma_3}f\left(\frac{\rho\sigma_2}{\sigma_1}x + z\right)\mathrm{e}^{-\frac{(z-\mu_3)^2}{2\sigma_3^2}}dz,$$

则

$$\mathrm{E}[f(Y)|X] = g(X).$$

1.7 随机过程与域流

考虑随时间变化的某种随机现象, 在每一个时刻 t, 我们可以用与时刻 t 有关的随机变量 $X(t)$ 来描述这一随机现象, 这一组依赖于时刻 t 的随机变量就是所谓的随机过程, 下面给出随机过程的定义.

定义 1.27 $(\Omega, \mathcal{F}, P)$ 是概率测度空间, 随机过程是定义在 $\{(\omega, t) : \omega \in \Omega, t \geqslant 0\}$ 上的二元函数, 记为 $X(\omega, t)$.

对于取定的 $t \geqslant 0$, $X(\omega, t)$ 是定义在概率空间 $(\Omega, \mathcal{F}, P)$ 上的随机变量, 对于取定的 $\omega \in \Omega$, $X(\omega, t)$ 是关于时间 t 的函数, 也称为 ω 的**样本路径**. 在不发生混

渧的情况下, 通常将 $X(\omega, t)$ 简记为 $X(t)$. 注意, 定义中 t 的取值范围为 $t \geqslant 0$, 如果随机过程只发生在有限的时间区间 $[0, T]$ 上, 对 t 的取值范围作相应的限制即可.

定义 1.28 Ω 是非空集合, $\mathcal{F}(t)$, $t \geqslant 0$ 是 Ω 的子集族构成的 σ 代数族, 如果对任意的 $0 \leqslant s \leqslant t$, 都有 $\mathcal{F}(s) \subseteq \mathcal{F}(t)$, 则称 σ 代数族 $\{\mathcal{F}(t) : t \geqslant 0\}$ 是一个域流.

类似于 σ 代数与信息的关系, 域流就是一个信息流. 对任意 $t \geqslant 0$, $\mathcal{F}(t)$ 可视为以截至时刻 t 的信息将样本空间中的样本进行区分得到的子集族所生成的 σ 代数, 对于样本 ω, 有了截至 t 时刻的信息, 对于任意的 $A \in \mathcal{F}(t)$, 我们都可以判定 ω 是否属于 A. 随着时间 t 的增大, $\mathcal{F}(t)$ 也在增大, 意味着信息随着时间积累, 将样本空间进行更精细的划分, 更多的信息将样本 ω 刻画得更加准确.

定义 1.29 设 Ω 是非空样本空间, $X = \{X(t) : t \geqslant 0\}$ 是定义在 Ω 上的随机过程, $\{\mathcal{F}(t) : t \geqslant 0\}$ 是 Ω 上的域流. 如果对每一个 $t \geqslant 0$, 随机变量 $X(t)$ 都是 $\mathcal{F}(t)$ 可测的, 则称 $X(t)$ 是适应于域流 $\mathcal{F}(t)$ 的随机过程.

随机过程适应于域流 $\mathcal{F}(t)$, 即对任意时刻 t, 随机变量 $X(t)$ 的值都可以被 $\mathcal{F}(t)$ 中的信息所确定. 在金融模型中, 要求随机过程具有适应性是十分必要的.

下面我们介绍两个在随机过程中十分重要的概念: **鞅和马尔可夫过程**.

定义 1.30 $(\Omega, \mathcal{F}, P)$ 是概率空间. $\mathcal{F}(t)$, $t \geqslant 0$ 是 $\mathcal{F}$ 的子 σ 代数的域流. $M(t)$ 是适应于 $\mathcal{F}(t)$ 的随机过程, 且对任意的 $t \geqslant 0$, 有 $\mathrm{E}[M(t)] < \infty$, 若对任意的 $0 \leqslant s \leqslant t$ 有

$$\mathrm{E}[M(t)|\mathcal{F}(s)] = M(s),$$

则称 $M(t)$ 是一个鞅.

上式两端取期望有

$$\mathrm{E}[M(t)] = \mathrm{E}[\mathrm{E}[M(t)|\mathcal{F}(s)]] = \mathrm{E}[M(s)],$$

由于 s, t 是任取的, 可知对任意的 $t \geqslant 0$, $M(t)$ 都有相同的期望值, 即鞅在整体上没有上升或者下降的趋势.

将鞅定义中的 $\mathrm{E}[M(t)|\mathcal{F}(s)] = M(s)$ 换为 $\mathrm{E}[M(t)|\mathcal{F}(s)] \geqslant M(s)$, 满足条件的 $M(t)$ 称为一个**下鞅**. 下鞅没有下降的趋势, 但可能有上升的趋势. 同理, 满足 $\mathrm{E}[M(t)|\mathcal{F}(s)] \leqslant M(s)$ 的 $M(t)$ 称为一个**上鞅**. 上鞅没有上升的趋势, 可能有下降的趋势.

定义 1.31 $(\Omega, \mathcal{F}, P)$ 是概率空间. $\mathcal{F}(t)$, $t \geqslant 0$ 是 $\mathcal{F}$ 的子 σ 代数的域流. $X(t)$ 是适应于 $\mathcal{F}(t)$ 的随机过程, 如果对任意的 $0 \leqslant s \leqslant t$ 及任意博雷尔可测函数 $f(x)$, 存在博雷尔可测函数 $g(x)$, 满足

$$\mathrm{E}[f(X(t))|\mathcal{F}(s)] = g(X(s)),$$

则称 $X(t)$ 是一个马尔可夫过程.

马尔可夫过程的重要特征是 $f(X(t))$ 在 s 时刻的条件期望 $\mathrm{E}[f(X(t))|\mathcal{F}(s)]$ 只依赖于随机过程在 s 时刻的值 $X(s)$, 而与 s 时刻之前的路径无关, 即由截至 s 时刻之前的全部信息 $\mathcal{F}(s)$ 给出的 $f(X(t))$ 的估计与只由 s 时刻的信息 $\sigma(X(s))$ 给出的估计是相同的, 因此马尔可夫过程也有以下定义.

定义 1.32　$(\Omega, \mathcal{F}, P)$ 是概率空间. $\mathcal{F}(t)$, $t \geqslant 0$ 是 $\mathcal{F}$ 的子 σ 代数的域流. $X(t)$ 是适应于 $\mathcal{F}(t)$ 的随机过程, 如果对任意的 $0 \leqslant s \leqslant t$ 及任意博雷尔可测函数 $f(x)$, 满足

$$\mathrm{E}[f(X(t))|\mathcal{F}(s)] = \mathrm{E}[f(X(t))|X(s)],$$

则称 $X(t)$ 是一个马尔可夫过程.

下面是富比尼定理在被积函数为随机过程时的特殊形式, 在计算随机过程的积分时经常使用.

定理 1.7.1　(富比尼定理) $X = \{X(t) : t \in [0, T]\}$ 是定义在非空样本空间 Ω 上的随机过程, 且对任意的路径以及任意的 $t \in [0, T]$, $X(t)$ 的单侧极限都存在, 则

$$\int_0^T \mathrm{E}[|X(t)|]dt = \mathrm{E}\left[\int_0^T |X(t)|dt\right],$$

如果此积分有限, 则

$$\int_0^T \mathrm{E}[X(t)]dt = \mathrm{E}\left[\int_0^T X(t)dt\right].$$

证明　定理 1.7.1 是实变函数中富比尼定理在被积函数为随机过程时的形式, 一般情况下富比尼定理的证明可参见实变函数教材.　　　　　　　　　　　□

注 1.7.2　上式右端先积分再求期望通常难以计算, 而左端先求期望再积分更方便计算. 当随机过程 $X(t)$ 满足富比尼定理的条件时, 可以交换期望和积分的顺序. 之后常见的随机过程, 无论是布朗运动、伊藤过程等连续的随机过程, 还是不连续的跳过程, 都满足富比尼定理的条件, 只要 $X(t)$ 可积, 即 $\mathrm{E}[|X(t)|] < \infty$, 则有

$$\mathrm{E}\left[\int_0^T |X(t)|dt\right] = \int_0^T \mathrm{E}[|X(t)|]dt < \infty,$$

由此可得

$$\mathrm{E}\left[\int_0^T X(t)dt\right] = \int_0^T \mathrm{E}[X(t)]dt.$$

在之后的讨论中, 基于富比尼定理, 我们可以根据需要交换期望和积分的顺序.

1.8 停　　时

停时是随机分析中的重要概念, 在本节中我们做一个简要的介绍.

定义 1.33　设 τ 是定义在可测空间 $(\Omega, \mathcal{F})$ 上的非负随机变量, $\mathcal{F}(t)$, $t \geqslant 0$ 是一个域流, 若对任意的 $t \geqslant 0$, 都有

$$\{\tau \leqslant t\} \in \mathcal{F}(t),$$

则称随机变量 τ 是相应于域流 $\mathcal{F}(t)$ 的一个停时, 或称 τ 是一个 $\mathcal{F}(t)$ 停时.

根据定义易知

$$\{\tau > t\} = \{\tau \leqslant t\}^c \in \mathcal{F}(t),$$

又

$$\{\tau < t\} = \bigcup_{n=1}^{\infty} \left\{\tau \leqslant t - \frac{1}{n}\right\},$$

而 $\left\{\tau \leqslant t - \frac{1}{n}\right\} \in \mathcal{F}\left(t - \frac{1}{n}\right) \subseteq \mathcal{F}(t)$, 故 $\{\tau < t\} \in \mathcal{F}(t)$.

注意, 若域流发生变化, τ 可能不再是相应于该域流的停时. 特别地, 常值随机变量 $\tau = t$, $t \geqslant 0$ 是一个停时 (无论选取怎样的域流).

性质 1.8.1　τ, σ 是定义在可测空间 $(\Omega, \mathcal{F})$ 上相应域流 $\mathcal{F}(t)$, $t \geqslant 0$ 的停时, 则 $\tau \wedge \sigma$, $\tau \vee \sigma$ 也是相应于该域流的停时.

证明　τ, σ 是 $\mathcal{F}(t)$ 的停时, 对任意的 $t \geqslant 0$, 由 $\{\tau \leqslant t\}, \{\sigma \leqslant t\} \in \mathcal{F}(t)$, 可得 $\{\tau \wedge \sigma \leqslant t\} = \{\tau \leqslant t\} \cap \{\sigma \leqslant t\} \in \mathcal{F}(t)$. 即 $\tau \wedge \sigma$ 为 $\mathcal{F}(t)$ 的停时. 同理可证 $\tau \vee \sigma$ 也是 $\mathcal{F}(t)$ 的停时. □

定义 1.34　τ 是定义在可测空间 $(\Omega, \mathcal{F})$ 上相应域流 $\mathcal{F}(t)$, $t \geqslant 0$ 的停时, 由 τ 生成的 σ 代数定义为

$$\mathcal{F}_\tau = \{A : A \in \mathcal{F}, A \cap \{\tau \leqslant t\} \in \mathcal{F}(t), \forall t \geqslant 0\}.$$

由停时生成的 σ 代数不同于由一般随机变量生成的 σ 代数, 由停时生成的 σ 代数不仅是用停时本身的信息去对样本空间进行划分, 还需要考虑域流 $\mathcal{F}(t)$ 截至停时的信息. 特别地, 当 $\tau = t$ 时, 有 $\mathcal{F}_\tau = \mathcal{F}(t)$.

$X(t)$ 是随机过程, τ 是一个停时, 则 $X(\tau) = X(\tau(\omega), \omega)$ 是一个随机变量: 对于任意的 $\omega \in \Omega$, $X(\tau)$ 是随机过程 $X(t)$ 相应于 ω 的样本路径在停时 $\tau(\omega)$ 的值.

定理 1.8.2　(可选抽样定理) 随机过程 $X(t)$ 是相应域流 $\mathcal{F}(t)$ 的鞅, τ, σ 是有界停时, 且 $\tau \leqslant \sigma$ 几乎必然成立, 则

$$\mathrm{E}[X(\sigma)|\mathcal{F}_\tau] = X(\tau).$$

证明　参见文献 [5] 第 34 页定理 3.1.2, 略.　　　　　　　　　　　　□

将一个随机过程 $X(t)$ 停止于停时 τ, 得到的过程称为一个**停止过程**, 记为

$$X(\tau \wedge t) = \begin{cases} X(\tau), & t \geqslant \tau, \\ X(t), & t < \tau. \end{cases}$$

将随机过程 $X(t)$ 停止于停时得到的停止过程, 其每条路径在到达其停时 τ 后, 随机过程本身并不会停止, 但其取值将会冻结在 $X(\tau)$ 而不再随时间变化.

使用可选抽样定理可以得到停止过程的如下结论.

定理 1.8.3　$X(t)$ 是定义在概率测度空间 $(\Omega, \mathcal{F}, P)$ 上的随机变量, $\mathcal{F}(t)$, $t \geqslant 0$ 是一个域流, τ 是相应于域流 $\mathcal{F}(t)$ 的一个停时. 若 $X(t)$ 是相应于域流 $\mathcal{F}(t)$ 的鞅, 则停止过程 $X(\tau \wedge t)$ 也是相应于域流 $\mathcal{F}(t)$ 的鞅, 即

$$\mathrm{E}[X(\tau \wedge t)|\mathcal{F}(s)] = X(\tau \wedge s), \quad 0 \leqslant s \leqslant t.$$

证明　τ 是相应于域流 $\mathcal{F}(t)$ 的停时, 故 $\tau \wedge t$ 也为 $\mathcal{F}(t)$ 停时. 由于

$$\mathrm{E}[X(\tau \wedge t)|\mathcal{F}(s)] = \mathrm{E}[I_{\{\tau > s\}} X(\tau \wedge t)|\mathcal{F}(s)] + \mathrm{E}[I_{\{\tau \leqslant s\}} X(\tau \wedge t)|\mathcal{F}(s)].$$

当 $\tau > s$ 时, 对于停时 $\tau \wedge t$ 以及 s, 有 $\tau \wedge t > s$, 由可选抽样定理得

$$\mathrm{E}[I_{\{\tau > s\}} X(\tau \wedge t)|\mathcal{F}(s)] = I_{\{\tau > s\}} X(s).$$

当 $\tau \leqslant s$ 时, 有 $\tau \wedge t \leqslant s$, 此时 $I_{\{\tau \leqslant s\}} X(\tau \wedge t) = I_{\{\tau \leqslant s\}} X(\tau)$ 为 $\mathcal{F}(s)$ 可测, 于是有

$$\mathrm{E}[I_{\{\tau \leqslant s\}} X(\tau \wedge t)|\mathcal{F}(s)] = I_{\{\tau \leqslant s\}} X(\tau).$$

综合以上两式, 可得

$$\mathrm{E}[X(\tau \wedge t)|\mathcal{F}(s)] = I_{\{\tau > s\}} X(s) + I_{\{\tau \leqslant s\}} X(\tau) = X(\tau \wedge s).\qquad\square$$

注 1.8.4　在金融中, 停时可视为一种交易策略. 用 $X(t)$ 表示资产价格的变化过程, 我们持有该资产或与其有关的金融衍生品 (多头或空头), 相应于资产价格的不同变化过程 $X(t)$ (样本 ω 所对应的样本路径), 我们需要制定策略, 确定对应的交易时刻 $\tau(\omega)$ (买入或者卖出), 这样定义的 $\tau(\omega)$ 自然应该满足: 对任意的 $t \geqslant 0$, 哪些价格变化过程会在 t 时刻之前执行交易, 即事件 $\{\tau(\omega) \leqslant t\}$, 可以被截至 t 时刻的信息 $\mathcal{F}(t)$ 所确定, 这正是停时定义中要求的条件.

若 $X(t)$ 为资产价格变化过程, 则停止过程 $X(\tau \wedge t)$ 可视为相应于策略 τ 的收益过程. 定理 1.8.3 表明资产价格过程为鞅, 没有上升或者下降的趋势时, 无论采取怎样的策略, 收益过程也为鞅, 没有上升或者下降的趋势.

1.9　习　　题

1. X 是标准正态随机变量, 随机变量 Z 独立于 X 且满足 $P(Z=1)=P(z=-1)=\frac{1}{2}$, 定义 $Y=XZ$. 证明:

   (1) X,Y 具有联合矩母函数 $\mathrm{E}[\mathrm{e}^{uX+vY}]=\mathrm{e}^{\frac{1}{2}(u^2+v^2)}\cdot\dfrac{\mathrm{e}^{uv}+\mathrm{e}^{-uv}}{2}$;

   (2) Y 为标准正态随机变量, 且 X,Y 不独立.

2. 二维随机变量 (X,Y) 具有联合密度函数

$$f_{X,Y}(x,y)=\begin{cases} \dfrac{2|x|+y}{\sqrt{2\pi}}\mathrm{e}^{-\frac{(2|x|+y)^2}{2}}, & y\geqslant -|x|, \\ 0, & y<-|x|, \end{cases}$$

   证明:

   (1) X,Y 均为标准正态随机变量;

   (2) X,Y 不相关, 但不独立.

3. X,Y 为联合正态随机变量, 且 $\mathrm{E}[X|Y]=\mathrm{E}[X]$, 证明: X 与 Y 独立.

4. X,Y 是概率空间 $(\Omega,\mathcal{F},P)$ 上的随机变量, X,Y,XY 均可积, $\mathcal{G}$ 是 $\mathcal{F}$ 的子 σ 代数. 证明: $\mathrm{E}[X\mathrm{E}[Y|\mathcal{G}]]=\mathrm{E}[Y\mathrm{E}[X|\mathcal{G}]]$.

5. X,Y 是概率空间 $(\Omega,\mathcal{F},P)$ 上平方可积的随机变量, $\mathcal{G}$ 是 $\mathcal{F}$ 的子 σ 代数. 证明:

   (1) $\mathrm{Var}[X]\geqslant\mathrm{Var}(\mathrm{E}[X|\mathcal{G}])$, 等号成立当且仅当 $X=\mathrm{E}[X|\mathcal{G}]$, $a.s.$;

   (2) 若 $Y=\mathrm{E}[X|Y]$, $X=\mathrm{E}[Y|X]$, 则 $X=Y$, $a.s.$

6. X,Y 是概率空间 $(\Omega,\mathcal{F},P)$ 上的可积随机变量, 具有联合密度函数 $f(x,y)$, 试用 $f(x,y)$ 表示 $\mathrm{E}[X|Y=y]$ 以及 $\mathrm{E}[X|Y]$.

7. X 是概率空间 $(\Omega,\mathcal{F},P)$ 上的平方可积随机变量, $\mathcal{G}$ 是 $\mathcal{F}$ 的子 σ 代数, 证明:

$$\mathrm{E}[(X-\mathrm{E}[X|\mathcal{G}])^2]\leqslant\mathrm{E}[(X-\mathrm{E}[X])^2].$$

8. X 是概率空间 $(\Omega,\mathcal{F},P)$ 上的平方可积随机变量, $\mathcal{G}$ 是 $\mathcal{F}$ 的子 σ 代数, 证明:

$$\mathrm{E}[(X-\mathrm{E}[X|\mathcal{G}])^2]+\mathrm{E}[(\mathrm{E}[X|\mathcal{G}])^2]=\mathrm{E}[X^2].$$

9. X 是概率空间 $(\Omega,\mathcal{F},P)$ 上的可积随机变量, $\mathcal{G}$ 是 $\mathcal{F}$ 的子 σ 代数, 证明:

$$|\mathrm{E}[X|\mathcal{G}]|\leqslant\mathrm{E}[|X||\mathcal{G}].$$

第 2 章 布朗运动及其性质

2.1 布 朗 运 动

2.1.1 对称随机游动

$\Omega = \{\omega : \omega = \omega_1 \omega_2 \omega_3 \cdots, \ \omega_j = H \ \text{或} \ T, \ j = 1, 2, 3, \cdots\}$ 是无穷次抛掷硬币生成的样本空间, 其中 ω_j 表示第 j 次的抛掷结果 (正反面分别用 H 和 T 表示). $\mathcal{F}_k$ 表示由前 k 次的抛掷结果信息生成的 σ 代数, 即

$$\mathcal{F}_1 = \{\varnothing, \Omega, A_H, A_T\},$$
$$\mathcal{F}_2 = \{\varnothing, A_{HH}, A_{HT}, A_{TH}, A_{TT}, A_H, A_T, A_{HH} \cup A_{TH}, A_{HH} \cup A_{TT},$$
$$A_{HT} \cup A_{TH}, A_{HT} \cup A_{TT}, A_{HH}^c, A_{HT}^c, A_{TH}^c, A_{TT}^c, \Omega\},$$
$$\cdots\cdots$$

其中 A_H 表示第一次抛出正面的那些序列构成的集合, A_{HH} 表示前两次都抛出正面的那些序列构成的集合, 以此类推. 根据前 k 次抛掷硬币的结果信息可将 Ω 分为 2^k 个原子, 如 $\mathcal{F}_1$ 中的 A_H 和 A_T, $\mathcal{F}_2$ 中的 $A_{HH}, A_{HT}, A_{TH}, A_{TT}$. 可以看出 $\mathcal{F}_k$ 就是由其 2^k 个原子所生成的 σ 代数, 故 $\mathcal{F}_k$ 中元素的数目为 $|\mathcal{F}(k)| = 2^{2^k}$. 假设每次抛掷相互独立, 且 $\forall j \in N$, 有 $P(\omega_j = H) = P(\omega_j = T) = \dfrac{1}{2}$, 令

$$X_j = \begin{cases} 1, & \omega_j = H, \\ -1, & \omega_j = T. \end{cases}$$

则 $\{X_j\}$ 是一列独立同分布的随机变量, 且 $\mathrm{E}[X_j] = 0$, $\mathrm{Var}[X_j] = 1$.

定义 2.1 令 $M_0 = 0$ 以及

$$M_k = \sum_{j=1}^{k} X_j, \quad k = 1, 2, 3, \cdots,$$

则随机过程 M_k 称为对称随机游动.

M_k 是定义在非负整数上的随机过程, 对于任意两整数之间的 $t \in (k, k+1)$, 用 M_k 以及 M_{k+1} 的值通过线性插值定义 (连接 M_k 和 M_{k+1} 两点的线段). 如果

以每个单位时间一次的速率抛掷硬币, 则 M_k 每经过一个单位时间就以相同的概率上升或下降一个单位.

根据定义, 对称随机游动具有以下性质, 其证明参见文献 [3].

性质 2.1.1 M_k 是对称随机游动, $\mathcal{F}_k$ 表示由前 k 次抛掷硬币的结果生成的 σ 代数, 则

1. $\mathrm{E}[M_k] = 0$, $\mathrm{Var}[M_k] = k$;
2. (独立增量性) 对任意的 $0 = k_0 < k_1 < k_2 < \cdots < k_m$, 增量

$$M_{k_1} - M_{k_0}, M_{k_2} - M_{k_1}, \cdots, M_{k_m} - M_{k_{m-1}}$$

两两独立;

3. (鞅性) 对任意的 $0 \leqslant k \leqslant l$, 有 $\mathrm{E}[M_l | \mathcal{F}_k] = M_k$;
4. (二次变差) 对称随机游动截至时刻 k 的二次变差为

$$[M, M]_k = \sum_{j=1}^{k} (M_j - M_{j-1})^2 = k.$$

注 2.1.2 对称随机游动截至时刻 k 的二次变差的结果与 M_k 的方差在数值上相同, 但其意义并不相同. 二次变差是随机变量, 沿每一条路径分别计算, 其结果反映了相应路径的波动大小, 对称随机游动的每条路径随时间波动的剧烈程度相同, 故其二次变差为常值随机变量.

2.1.2 按比例缩小型随机游动

加快抛掷硬币的频率并缩小随机游动的步幅, 对固定的整数 n, 以及满足 $nt \in \mathbb{N}$ 的 t 定义**按比例缩小型随机游动**

$$W^{(n)}(t) = \frac{1}{\sqrt{n}} M_{nt} = \sum_{j=1}^{nt} \frac{X_j}{\sqrt{n}}.$$

若 $nt \notin \mathbb{N}$, 类似于随机游动, 用相邻两点的值按线性插值的方法定义即可. 按比例缩小型随机游动 $W^{(n)}(t)$ 可视为单位时间抛掷硬币 n 次, 每次的抛掷结果使其每经过 $\frac{1}{n}$ 时间, 就以相同的概率上升或下降 $\frac{1}{\sqrt{n}}$ 个单位.

按比例缩小型随机游动继承了对称随机游动的以下性质, 其证明参见文献 [3].

性质 2.1.3 $W^{(n)}(t)$ 是缩小型随机游动, $\mathcal{F}(t)$ 表示由截至时刻 t 的前 nt 次抛掷硬币结果生成的 σ 代数, 则

1. $\mathrm{E}[W^{(n)}(t)] = 0$, $\mathrm{Var}[W^{(n)}(t)] = t$;

2. (独立增量性) 对任意的 $0 = t_0 < t_1 < t_2 < \cdots < t_m$, 满足 $nt_j \in N$, 增量

$$W^{(n)}(t_1) - W^{(n)}(t_0), W^{(n)}(t_2) - W^{(n)}(t_1), \cdots, W^{(n)}(t_m) - W^{(n)}(t_{m-1})$$

两两独立;

3. (鞅性) 对任意的 $0 \leqslant t_k \leqslant t_l$, 满足 $nt_k, nt_l \in N$, 有

$$\mathrm{E}[W^{(n)}(t_l)|\mathcal{F}(t_k)] = W^{(n)}(t_k);$$

4. (二次变差) 对于任意使得 $nt \in \mathbb{N}$ 的 t, $W^{(n)}(t)$ 截至时刻 t 的二次变差为

$$[W^{(n)}, W^{(n)}](t) = \sum_{j=1}^{nt} \left[W^{(n)}\left(\frac{j}{n}\right) - W^{(n)}\left(\frac{j-1}{n}\right) \right]^2 = t.$$

2.1.3 布朗运动的定义

在按比例缩小型随机游动中, 将抛掷硬币的速率无限加快, 考虑单位时间内抛掷次数 $n \to \infty$ 时的极限状态.

当 $t = 1$ 时, 按比例缩小型随机游动 $W^{(n)}(t)$ 的值

$$W^{(n)}(1) = \frac{M_n}{\sqrt{n}} = \frac{\sum_{j=1}^n X_j}{\sqrt{n}}$$

是独立同分布随机变量序列 $\{X_j\}$ 前 n 项和的标准化随机变量, 由中心极限定理可知, 当 $n \to \infty$ 时 $W^{(n)}(1)$ 收敛于标准正态分布. 事实上, 对于任意的 $t \geqslant 0$, 以下定理都成立.

定理 2.1.4 对任意的 $t \geqslant 0$, 按比例缩小型随机游动 $W^{(n)}(t)$ 在时刻 t 取值的分布在 $n \to \infty$ 时收敛于均值为 0, 方差为 t 的正态分布.

定理证明参见文献 [3], 此结果表明, 按比例缩小型随机游动从 0 到 t 时刻的增量, 在 $n \to \infty$ 时收敛于正态分布 $N(0,t)$. 由于按比例缩小型随机游动具有独立增量, 可以看到对任意的 $0 \leqslant s < t$, 按比例缩小型随机游动从 s 到 t 时刻的增量, 在 $n \to \infty$ 时收敛于正态分布 $N(0, t-s)$.

根据按比例缩小型随机游动 $W^{(n)}(t)$ 在 $n \to \infty$ 时的极限所具有的性质, 给出了布朗运动的以下定义.

定义 2.2 $(\Omega, \mathcal{F}, P)$ 是概率空间, 对每个 $\omega \in \Omega$, 若存在依赖于 ω 的函数 $W(t)$, $t \geqslant 0$, 满足以下性质:

1. $W(t)$ 是 t 的连续函数, 且 $W(0) = 0$;
2. 对任意的 $0 \leqslant s < t$, 增量 $W(t) - W(s) \sim N(0, t-s)$;

3. 对任意的 $0 = t_0 < t_1 < t_2 < \cdots < t_m$, 增量

$$W(t_1) = W(t_1) - W(t_0), W(t_2) - W(t_1), \cdots, W(t_m) - W(t_{m-1})$$

两两独立.

则称 $W(t)$ 为布朗运动.

除此之外, 布朗运动还有以下的等价定义.

定义 2.3 $(\Omega, \mathcal{F}, P)$ 是概率空间, 对每个 $\omega \in \Omega$, 若存在依赖于 ω 的函数 $W(t)$, $t \geqslant 0$, 满足以下性质:

1. $W(t)$ 是 t 的连续函数, 且 $W(0) = 0$;
2. 对任意的 $0 = t_0 \leqslant t_1 \leqslant t_2 \leqslant \cdots \leqslant t_m$, $W(t_1), W(t_2), \cdots, W(t_m)$ 为联合正态随机变量;
3. 对任意的 $t \geqslant 0$, 有 $\mathrm{E}[W(t)] = 0$;
4. 对任意的 $0 \leqslant s \leqslant t$, 有 $\mathrm{E}[W(s)W(t)] = s$.

则 $W(t)$ 为布朗运动.

下面证明以上两个定义的等价性.

性质 2.1.5 布朗运动的定义 2.2 与定义 2.3 等价.

证明 定义 2.2 $\Rightarrow$ 定义 2.3: 若 $W(t)$ 满足定义 2.2, 则对任意的 $0 = t_0 < t_1 < t_2 < \cdots < t_m$, 增量 $W(t_1) = W(t_1) - W(t_0), W(t_2) - W(t_1), \cdots, W(t_m) - W(t_{m-1})$ 为两两独立的正态随机变量, 故为联合正态随机变量. 由于联合正态随机变量的线性组合也为联合正态随机变量, 故其线性组合 $W(t_1), W(t_2), \cdots, W(t_m)$ 为联合正态随机变量. 由于对任意的 $0 \leqslant s < t$, 增量 $W(t) - W(s) \sim N(0, t-s)$, 且 $W(0) = 0$, 故对任意的 $t \geqslant 0$, 有 $W(t) \sim N(0, t)$, 由此可得 $\mathrm{E}[W(t)] = 0$, $\mathrm{E}[W^2(t)] = t$. 对任意的 $s \leqslant t$, 有

$$\mathrm{E}[W(s)W(t)] = \mathrm{E}[W(s)(W(t) - W(s))] + \mathrm{E}[W^2(s)] = s,$$

故 $W(t)$ 满足定义 2.3.

定义 2.3 $\Rightarrow$ 定义 2.2: 若 $W(t)$ 满足定义 2.3, 只需说明 $W(t)$ 具有独立增量, 且增量服从相应的正态分布. 对任意的 $s < t$, 由于增量 $W(t) - W(s)$ 为联合正态随机变量 $W(t), W(s)$ 的线性组合, 故为正态随机变量, 且满足

$$\mathrm{E}[W(t) - W(s)] = \mathrm{E}[W(t)] - \mathrm{E}[W(s)] = 0,$$

$$\mathrm{Var}[W(t) - W(s)] = \mathrm{E}[W^2(t)] + \mathrm{E}[W^2(s)] - 2\mathrm{E}[W(s)W(t)] = t + s - 2s = t - s.$$

故对任意的 $0 \leqslant s < t$, 增量 $W(t) - W(s) \sim N(0, t-s)$. 对任意的 $t_1 < t_2 \leqslant t_3 < t_4$, 由于 $W(t_2) - W(t_1)$ 与 $W(t_4) - W(t_3)$ 为联合正态随机变量, 独立等价于不相

关, 由

$$\mathrm{E}[(W(t_2) - W(t_1))(W(t_4) - W(t_3))]$$

$$= \mathrm{E}[W(t_2)W(t_4)] - \mathrm{E}[W(t_1)W(t_4)] - \mathrm{E}[W(t_2)W(t_3)] + \mathrm{E}[W(t_1)W(t_3)]$$

$$= t_2 - t_1 - t_2 + t_1$$

$$= 0$$

可得 $W(t_2) - W(t_1)$ 与 $W(t_4) - W(t_3)$ 不相关, 故独立. 即 $W(t)$ 具有独立增量. 故 $W(t)$ 满足定义 2.2. □

例 2.1.6 $W(t)$ 是布朗运动, 使用定义证明以下随机过程 $B(t)$ 也是布朗运动.

1. $B(t) = W(t + u) - W(u)$, $u \geqslant 0$;
2. $B(t) = -W(t)$;
3. $B(t) = cW\left(\dfrac{t}{c^2}\right)$, $c \in \mathbb{R}$.

证明留作练习.

2.2 布朗运动的轨道性质

2.2.1 布朗运动的二次变差

布朗运动的二次变差不同于常见的可微函数, 其特殊性质使得随机分析有别于传统的微积分. 下面以定义在 $[0, +\infty)$ 上的实值函数为例介绍函数的一阶变差、二次变差以及交互变差.

定义 2.4 $f(t)$ 是定义在 $[0, +\infty)$ 上的实值函数, 截至 t 的一阶变差 (全变差) 定义为

$$V_f(t) = \lim_{\lambda \to 0} \sum_{i=0}^{n-1} |f(t_{i+1}) - f(t_i)|,$$

其中 $0 = t_0 < t_1 < \cdots < t_n = t$ 是 $[0, t]$ 上的任一划分, $\lambda = \max\limits_{0 \leqslant i \leqslant n-1} |t_{i+1} - t_i|$.

显然 $V_f(t)$ 关于 t 单调递增, $V_f(t)$ 的值越大, 说明 $f(t)$ 的值在区间 $[0, t]$ 上波动越剧烈.

定义 2.5 $f(t), g(t)$ 是定义在 $[0, +\infty)$ 上的实值函数, $f(t)$ 截至 t 的二次变差定义为

$$[f, f](t) = \lim_{\lambda \to 0} \sum_{i=0}^{n-1} (f(t_{i+1}) - f(t_i))^2,$$

$f(t), g(t)$ 截至 t 的交互变差 (协变差) 定义为

$$[f, g](t) = \lim_{\lambda \to 0} \sum_{i=0}^{n-1} (f(t_{i+1}) - f(t_i))(g(t_{i+1}) - g(t_i)),$$

其中 $0 = t_0 < t_1 < \cdots < t_n = t$ 是 $[0, t]$ 上的任一划分, $\lambda = \max\limits_{0 \leqslant i \leqslant n-1} |t_{i+1} - t_i|$.

下面我们介绍关于函数变差一些重要性质 (性质 2.2.1 ~ 性质 2.2.6), 其证明可由定义直接得到.

性质 2.2.1 若 $0 \leqslant a \leqslant b$, 则 $f(t)$ 在区间 $[a, b]$ 上的一阶变差为 $V_f(b) - V_f(a)$.

性质 2.2.2 若 $f(t)$ 在区间 $[a, b]$ 上单调, 则其在 $[a, b]$ 上的一阶变差为 $|f(b) - f(a)|$.

性质 2.2.3 若 $f(t)$ 在区间 $[0, t]$ 上有连续的导函数, 则 $V_f(t) = \int_0^t |f'(s)| ds$.

若 $f(t)$ 除有限个点不可导外都有连续的导函数, 按不可导点分段积分即可, 结论仍然成立.

定义 2.6 若 $f(t)$ 在区间 $[a, b]$ 上的一阶变差有限, 则称 $f(t)$ 为 $[a, b]$ 上的有界变差函数.

显然, 单调函数以及常见的初等函数都是有界变差函数.

性质 2.2.4 $f(t)$ 是定义在 $[0, +\infty)$ 上的连续函数,

1. 若 $V_f(t) < \infty$, 则 $[f, f](t) = 0$;
2. 若 $[f, f](t) > 0$, 则 $V_f(t) = \infty$.

性质 2.2.5 $f(t), g(t), h(t)$ 是定义在 $[0, +\infty)$ 上的连续函数,

1. $[f, g](t) = [g, f](t)$;
2. $\alpha, \beta \in \mathbb{R}$, 则 $[\alpha f + \beta g, h](t) = \alpha[f, h](t) + \beta[g, h](t)$.

性质 2.2.6 $f(t)$ 在 $[0, +\infty)$ 上连续, $g(t)$ 的一阶变差 $V_g(t) < \infty$, 则

$$[f, g](t) = 0.$$

下面我们介绍布朗运动的二次变差.

定义 2.7 布朗运动 $W(t)$ 截至时刻 T 的二次变差定义为

$$[W, W](T) = \lim_{\lambda \to 0} \sum_{i=0}^{n-1} (W(t_{i+1}) - W(t_i))^2.$$

其中 $0 = t_0 < t_1 < \cdots < t_n = T$ 是 $[0, T]$ 上的任一划分, $\lambda = \max\limits_{0 \leqslant i \leqslant n-1} |t_{i+1} - t_i|$.

布朗运动沿每条样本路径计算其二次变差, 故为定义在样本空间上的随机变量. 作为缩小型随机游动的极限, 布朗运动的路径波动足够快, 已没有自然的步幅, 我们无法像随机游动一样沿每条路径计算其二次变差.

以下定理给出了布朗运动二次变差的重要性质.

定理 2.2.7   对任意 $T \geqslant 0$, 布朗运动 $W(t)$ 截至时刻 T 的二次变差 $[W,W]$ $(T) = T$ 几乎必然成立.

证明   令 $0 = t_0 < t_1 < t_2 < \cdots < t_n = T$ 是区间 $[0,T]$ 上的任一划分, 划分的最大宽度 $\lambda = \max\limits_{0 \leqslant i \leqslant n-1} |t_{i+1} - t_i|$, 相应于该划分的二次变差记为

$$T_n = \sum_{i=0}^{n-1} (W(t_{i+1}) - W(t_i))^2.$$

先证明在 $\lambda \to 0$ 时, 样本二次变差 T_n 均方收敛于 T $(T_n \xrightarrow{L_2} T)$, 即证明在 $\lambda \to 0$ 时, T_n 的期望为 T, 方差收敛于 0.

由于 $W(t_{i+1}) - W(t_i) \sim N(0, t_{i+1} - t_i)$, 可得

$$\mathrm{E}[(W(t_{i+1}) - W(t_i))^2] = t_{i+1} - t_i, \ \mathrm{Var}[(W(t_{i+1}) - W(t_i))^2] = 2(t_{i+1} - t_i)^2,$$

再由布朗运动的独立增量性可得

$$\mathrm{E}[T_n] = \mathrm{E}\Big[\sum_{i=0}^{n-1} (W(t_{i+1}) - W(t_i))^2\Big] = \sum_{i=0}^{n-1} \mathrm{E}[(W(t_{i+1}) - W(t_i))^2]$$

$$= \sum_{i=0}^{n-1} (t_{i+1} - t_i) = T,$$

以及

$$\mathrm{Var}[T_n] = \mathrm{Var}\Big[\sum_{i=0}^{n-1} (W(t_{i+1}) - W(t_i))^2\Big] = \sum_{i=0}^{n-1} \mathrm{Var}[(W(t_{i+1}) - W(t_i))^2]$$

$$= \sum_{i=0}^{n-1} 2(t_{i+1} - t_i)^2,$$

由此可得 $\mathrm{Var}[T_n] \leqslant \sum\limits_{i=0}^{n-1} 2\lambda(t_{i+1} - t_i) = 2\lambda T$, 故 $\lim\limits_{\lambda \to 0} \mathrm{Var}[T_n] = 0$. 即 T_n 均方收敛于 T.

由 T_n 均方收敛于 T 可得 T_n 依概率收敛于 T, 故存在 T_n 的子列几乎必然收敛于 T. 事实上, 我们可以在最初对区间进行划分时加入适当的限制条件, 使得 T_n 几乎必然收敛于 T, 即 $[W,W](T) = T$ 几乎必然成立. 此处细节从略.   □

注2.2.8 布朗运动 $W(t)$ 在区间 $[t_i, t_{i+1}]$ 上的增量记为 $\Delta W(t_i) = W(t_{i+1}) - W(t_i)$，截至时刻 T 的二次变差可用积分的方式表示为

$$[W, W](T) = \lim_{\lambda \to 0} \sum_{i=0}^{n-1} (W(t_{i+1}) - W(t_i))^2 = \lim_{\lambda \to 0} \sum_{i=0}^{n-1} \Delta W^2(t_i) = \int_0^T dW(t)dW(t),$$

其微分形式记为

$$d[W, W](t) = dW(t)dW(t),$$

又 $T = \int_0^T dt$，从而在形式上有

$$\int_0^T dW(t)dW(t) = \int_0^T dt,$$

我们通常将此关于布朗运动二次变差的结果以微分的形式记为

$$d[W, W](t) = dW(t)dW(t) = dt,$$

可以理解为布朗运动在长为 dt 的微小时间区间上积累的二次变差为 dt. 但要注意此式两端并不相等，从微观上看，等式左边的 $dW(t)dW(t)$ 是一个随机变量，右边的 dt 是非随机的常数，但宏观上它们在同样的时间区间上积分后有相同的值，故以微分式 $dW(t)dW(t) = dt$ 来表达这个结果.

考虑布朗运动 $W(t)$ 与 $g(t) = t$ 截至时刻 T 的交互变差，由于 $W(t)$ 在 $[0, T]$ 上连续，而 $g(t) = t$ 单调递增，一阶变差有限，故 $W(t)$ 与 $g(t) = t$ 截至时刻 T 的交互变差 $[W, t](T) = 0$. 以积分形式记为

$$[W, t](T) = \lim_{\lambda \to 0} \sum_{i=0}^{n-1} (W(t_{i+1}) - W(t_i))(t_{i+1} - t_i) = \int_0^T dW(t)dt = 0,$$

对应的微分形式为

$$dW(t)dt = 0.$$

与布朗运动的二次变差一样，上式两端在微观上并不相等，由于宏观上它们在同样的时间区间上积分后有相同的值，才以微分式 $dW(t)dt = 0$ 来表达这个结果.

同理，时间函数 $g(t) = t$ 单调递增，一阶变差有限，故其二次变差为零. 以积分形式记为

$$[t, t](T) = \lim_{\lambda \to 0} \sum_{i=0}^{n-1} (t_{i+1} - t_i)(t_{i+1} - t_i) = \int_0^T dtdt = 0,$$

对应的微分形式为

$$dt\,dt = 0.$$

将布朗运动 $W(t)$ 与时间函数 $g(t) = t$ 的二次变差以及交互变差的微分形式总结如下:

$$dW(t)dW(t) = dt, \quad dW(t)dt = dt\,dt = 0,$$

以上结果在随机分析中十分常用.

2.2.2 布朗运动的路径特征

性质 2.2.9 $W(t)$ 是布朗运动, s 是任意非负常数. 令 $B(t) = W(t+s) - W(s)$, 则 $B(t)$ 也是布朗运动.

证明 直接验证 $B(t)$ 满足布朗运动的定义即可, 证明略. □

可以看出从任意 s 时刻开始, 布朗运动在长为 t 的时间区间内的增量都有着相同的分布. 如果随机过程增量的分布只依赖于时间间隔长度, 而与初始时刻无关, 我们称该过程具有**平稳增量**. 由于布朗运动具有独立增量性, 故布朗运动具有**独立的平稳增量**.

性质 2.2.10 布朗运动 $W(t)$ 在任意区间上的一阶变差几乎必然趋于 ∞.

证明 对任意 $0 \leqslant a < b$, 令 $a = t_0 < t_1 < t_2 < \cdots < t_n = b$ 是 $[a,b]$ 上的任一划分, $\lambda = \max\limits_{0 \leqslant i \leqslant n-1} |t_{i+1} - t_i|$, 由

$$\sum_{i=0}^{n-1} [W(t_{i+1}) - W(t_i)]^2 \leqslant \max_{0 \leqslant i \leqslant n-1} |W(t_{i+1}) - W(t_i)| \cdot \sum_{i=0}^{n-1} |W(t_{i+1}) - W(t_i)|$$

可得

$$\sum_{i=0}^{n-1} |W(t_{i+1}) - W(t_i)| \geqslant \frac{\displaystyle\sum_{i=0}^{n-1} [W(t_{i+1}) - W(t_i)]^2}{\displaystyle\max_{0 \leqslant i \leqslant n-1} |W(t_{i+1}) - W(t_i)|}.$$

当 $\lambda \to 0$ 时, 由布朗运动的连续性有 $\max\limits_{0 \leqslant i \leqslant n-1} |W(t_{i+1}) - W(t_i)| \to 0$, 以及二次变差 $\lim\limits_{\lambda \to 0} \sum\limits_{i=0}^{n-1} [W(t_{i+1}) - W(t_i)]^2 = b - a$ 几乎必然成立, 可得布朗运动的一阶变差

$$\lim_{\lambda \to 0} \sum_{i=0}^{n-1} |W(t_{i+1}) - W(t_i)| = \infty$$

几乎必然成立. □

由于单调函数在任意的定义区间上都有有限的一阶变差, 于是立即可以得到如下结论.

推论 2.2.11 在任意区间上, 布朗运动 $W(t)$ 的路径几乎必然不单调.

随机游动的路径是一条折线段, 在每个尖点处都是不可导的, 布朗运动作为缩小型随机游动的极限, 可以视为其每条路径上都应该有 "足够多" 的尖点. 这正是以下性质所给出的结论.

性质 2.2.12 对任意 $t \geqslant 0$, 布朗运动 $W(t)$ 几乎所有的路径在 t 处不可导.

证明 对任意 $t \geqslant 0$, 取 $\Delta t > 0$, 由于 $W(t + \Delta t) - W(t) \sim N(0, \Delta t)$, 故可将其表示为 $W(t + \Delta t) - W(t) = \sqrt{\Delta t} X$, 其中 X 是标准正态随机变量.

由于 $\dfrac{W(t + \Delta t) - W(t)}{\Delta t} = \dfrac{\sqrt{\Delta t} X}{\Delta t} = \dfrac{X}{\sqrt{\Delta t}}$, 且对任意 C, 有

$$\lim_{\Delta t \to 0} P\left(\left| \frac{X}{\sqrt{\Delta t}} \right| > C \right) = 1,$$

故 $\lim\limits_{\Delta t \to 0} \dfrac{W(t + \Delta t) - W(t)}{\Delta t} = \infty$ 几乎必然成立. 即布朗运动 $W(t)$ 几乎所有的路径在 t 处没有右导数, 同理可得 $W(t)$ 几乎所有的路径在 t 处没有左导数, 故布朗运动 $W(t)$ 几乎所有的路径在 t 处不可导. $\square$

2.3 布朗运动的鞅性和马尔可夫性

在讨论布朗运动的鞅性与马尔可夫性之前, 我们需要先为概率测度空间配备域流. 令 $W(t)$, $t \geqslant 0$ 为布朗运动, 记

$$\mathcal{F}^W(t) = \sigma(W(s) : 0 \leqslant s \leqslant t)$$

为布朗运动 $W(t)$ 截至时刻 t 的信息生成的 σ 代数, 称 $\mathcal{F}^W(t)$, $t \geqslant 0$ 为**布朗运动生成的域流**.

布朗运动生成的域流满足以下性质.

性质 2.3.1 $W(t)$ 是定义在概率空间 $(\Omega, \mathcal{F}, P)$ 上的布朗运动, $\mathcal{F}^W(t)$, $t \geqslant 0$ 是布朗运动生成的域流, 则

1. (信息积累) 对任意的 $0 \leqslant s < t$, $\mathcal{F}^W(s) \subseteq \mathcal{F}^W(t)$;
2. (可测性) 对任意的 $t \geqslant 0$, $W(t)$ 为 $\mathcal{F}^W(t)$ 可测;
3. (未来增量的独立性) 对任意 $0 \leqslant t < u$, 增量 $W(u) - W(t)$ 独立于 $\mathcal{F}^W(t)$.

我们在讨论与布朗运动有关的问题时, 如无特殊说明, 域流通常默认为布朗运动生成的域流, 并将 $\mathcal{F}^W(t)$ 简记为 $\mathcal{F}(t)$.

以下是与布朗运动有关的鞅性质.

性质 2.3.2 $(\Omega, \mathcal{F}, P)$ 是概率测度空间, $W(t)$, $t \geqslant 0$ 为布朗运动, $\mathcal{F}(t)$, $t \geqslant 0$ 是由布朗运动生成的域流, 则

1. $W(t)$ 是鞅;
2. $W^2(t) - t$ 是鞅;
3. 对任意的 $u \in \mathbb{R}$, $\mathrm{e}^{uW(t) - \frac{1}{2}u^2 t}$ 是鞅.

证明 对任意的 $0 \leqslant s < t$, 由于 $W(t) - W(s) \sim N(0, t-s)$ 且独立于 $\mathcal{F}(s)$, 以及 $W(s)$ 为 $\mathcal{F}(s)$ 可测, 有

1. 对任意的 $0 \leqslant s < t$, 有

$$\begin{aligned}
\mathrm{E}[W(t)|\mathcal{F}(s)] &= \mathrm{E}[(W(t) - W(s)) + W(s)|\mathcal{F}(s)] \\
&= \mathrm{E}[W(t) - W(s)|\mathcal{F}(s)] + \mathrm{E}[W(s)|\mathcal{F}(s)] \\
&= \mathrm{E}[W(t) - W(s)] + W(s) \\
&= W(s).
\end{aligned}$$

2. 对任意的 $0 \leqslant s < t$, 有

$$\begin{aligned}
\mathrm{E}[W^2(t)|\mathcal{F}(s)] &= \mathrm{E}[(W(t) - W(s) + W(s))^2|\mathcal{F}(s)] \\
&= \mathrm{E}[(W(t) - W(s))^2 + 2W(s)(W(t) - W(s)) + W^2(s)|\mathcal{F}(s)] \\
&= \mathrm{E}[(W(t) - W(s))^2] + 2W(s)\mathrm{E}[W(t) - W(s)] + W^2(s) \\
&= W^2(s) + t - s.
\end{aligned}$$

即 $\mathrm{E}[W^2(t) - t|\mathcal{F}(s)] = W^2(s) - s$.

3. 对任意的 $0 \leqslant s < t$, 有

$$\begin{aligned}
\mathrm{E}[\mathrm{e}^{uW(t) - \frac{1}{2}u^2 t}|\mathcal{F}(s)] &= \mathrm{E}[\mathrm{e}^{u(W(t) - W(s) + W(s)) - \frac{1}{2}u^2 t}|\mathcal{F}(s)] \\
&= \mathrm{e}^{uW(s) - \frac{1}{2}u^2 t} \cdot \mathrm{E}[\mathrm{e}^{u(W(t) - W(s))}|\mathcal{F}(s)] \\
&= \mathrm{e}^{uW(s) - \frac{1}{2}u^2 t} \cdot \mathrm{E}[\mathrm{e}^{u(W(t) - W(s))}] \\
&= \mathrm{e}^{uW(s) - \frac{1}{2}u^2 t} \cdot \mathrm{e}^{\frac{1}{2}u^2(t-s)} \\
&= \mathrm{e}^{uW(s) - \frac{1}{2}u^2 s}. \qquad \Box
\end{aligned}$$

下面我们来说明布朗运动的马尔可夫性, 从布朗运动的独立增量性可以看出, 对任意的时刻 t, 无论布朗运动以怎样的路径到达 t 时刻, 后续的路径只与 t 时刻的取值有关, 与 t 时刻之前的路径无关, 这正是马尔可夫过程的特征.

定理 2.3.3 $W(t)$, $t \geqslant 0$ 是布朗运动, $\mathcal{F}(t)$, $t \geqslant 0$ 是布朗运动生成的域流, 则 $W(t)$ 是马尔可夫过程.

证明 根据马尔可夫过程的定义, 只需证明对任意的 $0 \leqslant s \leqslant t$ 以及博雷尔可测函数 $f(x)$, 存在博雷尔可测函数 $g(x)$, 使得

$$\mathrm{E}[f(W(t))|\mathcal{F}(s)] = g(W(s)).$$

上式左端

$$\mathrm{E}[f(W(t))|\mathcal{F}(s)] = \mathrm{E}[f(W(s) + (W(t) - W(s)))|\mathcal{F}(s)],$$

由于 $W(t) - W(s)$ 独立于 $\mathcal{F}(s)$ 且 $W(s)$ 为 $\mathcal{F}(s)$ 可测, 根据独立性引理, 令

$$g(x) = \mathrm{E}[f(x + (W(t) - W(s)))],$$

则

$$\mathrm{E}[f(W(t))|\mathcal{F}(s)] = \mathrm{E}[f(W(s) + (W(t) - W(s)))|\mathcal{F}(s)] = g(W(s)). \qquad \Box$$

从证明过程可以看出, 若随机过程具有独立增量, 则其必为马尔可夫过程, 但反之不成立.

下面我们给出定理中 $g(x)$ 的表达式, 由于 $W(t) - W(s) \sim N(0, t-s)$, 故

$$\begin{aligned}
g(x) &= \mathrm{E}[f(x + (W(t) - W(s)))] \\
&= \int_{-\infty}^{+\infty} f(x+w) \frac{1}{\sqrt{2\pi(t-s)}} \mathrm{e}^{-\frac{w^2}{2(t-s)}} \, dw,
\end{aligned}$$

令 $y = x + w$, 则 $w = y - x$, $dw = dy$, 有

$$g(x) = \int_{-\infty}^{+\infty} f(y) \frac{1}{\sqrt{2\pi(t-s)}} \mathrm{e}^{-\frac{(y-x)^2}{2(t-s)}} \, dy,$$

记

$$p(s, t, x, y) = \frac{1}{\sqrt{2\pi(t-s)}} \mathrm{e}^{-\frac{(y-x)^2}{2(t-s)}},$$

称其为**转移密度**, 表示坐标平面上从 (s, x) 出发, 到达 (t, y) 的那些布朗运动的路径所具有的密度.

2.4　布朗运动的首达时间、迄今最大值及其分布

2.4.1　布朗运动的首达时间

首达时间是在实际中应用很广的一类停时.

定义 2.8　设实数 $m \neq 0$, 定义布朗运动 $W(t)$ 相应于水平 m 的首达时间为

$$\tau_m = \min\{t \geqslant 0 : W(t) = m\}.$$

τ_m 表示 $W(t)$ 首次到达水平 m 的时间. 如果 $W(t)$ 的路径永远达不到 m, 则令 $\tau_m = \infty$. 令 $\mathcal{F}(t)$ 为布朗运动 $W(t)$ 生成的域流, 显然 $\{\tau_m \leqslant t\} \in \mathcal{F}(t)$, 故首达时间 τ_m 是一个停时. 将布朗运动停止于首达时间得到的停止过程记为

$$W(\tau_m \wedge t) = \begin{cases} m, & t \geqslant \tau_m, \\ W(t), & t < \tau_m. \end{cases}$$

现在我们考虑首达时间 τ_m 的分布. 由于布朗运动路径的对称性, 对任意的 m, τ_m 与 τ_{-m} 有相同的分布, 故我们只考虑 $m > 0$ 的情形. 对任意的水平 m 及时刻 $t \geqslant 0$, 考虑在时刻 t 或之前到达水平 m 的那些布朗运动的路径, 即满足 $\tau_m \leqslant t$ 的路径. 这些路径有三种类型:

第一类是在时刻 t 的水平超过 m, 则其必然在时刻 t 之前到达水平 m, 这一部分路径的概率为 $P(W(t) > m)$.

第二类是在时刻 t 之前到达水平 m, 但是在时刻 t 的水平低于 m, 这一部分路径的概率为 $P(\tau_m < t, W(t) < m)$.

第三类是在时刻 t 的水平正好为 m, 这些路径的概率为 0.

对于第二类中的每一条路径, 若其在首次到达水平 m 后在时刻 t 的水平为 $W(t) = w < m$, 将其位于首达时间 τ_m 与 t 之间的路径关于水平 m 对称之后, 可以得到一条在时刻 t 的水平为 $W(t) = 2m - w > m$ 的路径, 由此可知第一类与第二类路径之间存在一一对应的关系, 于是有如下关于布朗运动的**反射等式**:

$$P(\tau_m < t, W(t) < w) = P(W(t) > 2m - w), \quad w < m, \ m > 0.$$

我们将此称为**反射原理**, 由此我们可以得到首达时间 τ_m 的分布和密度函数.

定理 2.4.1　对于任意的 $m \neq 0$, 随机变量 τ_m 具有累积分布函数

$$F_{\tau_m}(t) = P(\tau_m \leqslant t) = \frac{2}{\sqrt{2\pi}} \int_{\frac{|m|}{\sqrt{t}}}^{\infty} e^{-\frac{y^2}{2}} dy, \quad t \geqslant 0,$$

以及密度函数

$$f_{\tau_m}(t) = \frac{|m|}{t\sqrt{2\pi t}} e^{-\frac{m^2}{2t}}, \quad t \geqslant 0.$$

证明 当 $m > 0$ 时, 由反射公式可得

$$P(\tau_m < t, W(t) < m) = P(W(t) > m),$$

而 $W(t) > m$ 蕴含 $\tau_m < t$, 故

$$P(\tau_m < t, W(t) > m) = P(W(t) > m),$$

由于

$$P(\tau_m < t) = P(\tau_m < t, W(t) < m) + P(\tau_m < t, W(t) > m),$$

又 $P(\tau_m = t) = 0$, 故

$$P(\tau_m \leqslant t) = P(\tau_m < t) = 2P(W(t) > m),$$

由 $W(t) \sim N(0, t)$ 可得

$$P(\tau_m \leqslant t) = \frac{2}{\sqrt{2\pi t}} \int_m^\infty e^{-\frac{x^2}{2t}} \, dx,$$

在积分中作变量代换 $y = \dfrac{x}{\sqrt{t}}$ 即可得到定理中 τ_m 的累积分布函数的表达式. 对 t 求导即可得到 τ_m 的密度函数. 当 $m < 0$ 时, 根据布朗运动的对称性, τ_m 与 τ_{-m} 有相同的累积分布函数和密度函数, 故对一般的 m, 只需将结果中的 m 加绝对值即得. $\qquad\square$

2.4.2 迄今最大值及其分布

布朗运动的**迄今最大值**定义为

$$M(t) = \max_{0 \leqslant s \leqslant t} W(s),$$

对于任意的 $m > 0$, 由于 $M(t) \geqslant m$ 当且仅当 $\tau_m \leqslant t$, 利用首达时间 τ_m 的分布可得 $M(t)$ 的分布.

定理 2.4.2 对于任意的 $m > 0$, 迄今最大值 $M(t)$ 具有累积分布函数

$$F_{M(t)}(m) = 2\Phi\left(\frac{m}{\sqrt{t}}\right) - 1,$$

其中 $\Phi(x)$ 是标准正态累积分布函数.

证明   由于 $M(t) \geqslant m$ 当且仅当 $\tau_m \leqslant t$, 故

$$P(M(t) \geqslant m) = P(\tau_m \leqslant t) = 2P(W(t) \geqslant m),$$

又 $W(t) \sim N(0,t)$, 于是 $\dfrac{W(t)}{\sqrt{t}} \sim N(0,1)$, 故

$$P(W(t) \geqslant m) = 1 - P(W(t) \leqslant m) = 1 - P\left(\frac{W(t)}{\sqrt{t}} \leqslant \frac{m}{\sqrt{t}}\right) = 1 - \Phi\left(\frac{m}{\sqrt{t}}\right),$$

由此可得

$$F_{M(t)}(m) = 1 - P(M(t) \geqslant m) = 1 - 2P(W(t) \geqslant m) = 2\Phi\left(\frac{m}{\sqrt{t}}\right) - 1. \qquad \square$$

定理 2.4.3   对于任意的 $t > 0$, 二维随机变量 $(M(t), W(t))$ 的联合密度函数为

$$f_{M(t),W(t)}(m,w) = \frac{2(2m-w)}{t\sqrt{2\pi t}}\mathrm{e}^{-\frac{(2m-w)^2}{2t}}, \quad w \leqslant m, m > 0.$$

证明   由反射原理可知

$$P(M(t) \geqslant m, W(t) \leqslant w) = P(\tau_m \leqslant t, W(t) \leqslant w) = P(W(t) \geqslant 2m - w),$$

根据联合密度函数的定义有

$$P(M(t) \geqslant m, W(t) \leqslant w) = \int_m^\infty \int_{-\infty}^w f_{M(t),W(t)}(x,y)\,dy\,dx,$$

又

$$P(W(t) \geqslant 2m - w) = \frac{1}{\sqrt{2\pi t}}\int_{2m-w}^\infty \mathrm{e}^{-\frac{x^2}{2t}}\,dx,$$

于是有

$$\int_m^\infty \int_{-\infty}^w f_{M(t),W(t)}(x,y)\,dy\,dx = \frac{1}{\sqrt{2\pi t}}\int_{2m-w}^\infty \mathrm{e}^{-\frac{x^2}{2t}}\,dx,$$

两边同时对 m, w 求二阶混合偏导数可得

$$f_{M(t),W(t)}(m,w) = \frac{2(2m-w)}{t\sqrt{2\pi t}}\mathrm{e}^{-\frac{(2m-w)^2}{2t}}. \qquad \square$$

2.5　习　　题

1. $W(t)$, $t \geqslant 0$ 是布朗运动, 证明: $P(\sup\limits_{t>0} W(t) = +\infty) = 1$.

2. $W(t)$, $t \geqslant 0$ 是布朗运动, $\mathcal{F}(t)$, $t \geqslant 0$ 是该布朗运动生成的域流. 定义带漂移的布朗运动 $X(t) = \mu t + W(t)$, $\mu \in \mathbb{R}$. 证明:

   (1) $X(t)$ 为马尔可夫过程. 即对任意的博雷尔可测函数 $f(x)$, 以及任意的 $0 \leqslant s \leqslant t$, 都存在博雷尔可测函数 $g(x)$, 满足 $\mathrm{E}[f(X(t))|\mathcal{F}(s)] = g(X(s))$, 且

   $$g(x) = \int_{-\infty}^{+\infty} f(y) \frac{1}{\sqrt{2\pi(t-s)}} \mathrm{e}^{-\frac{(y-x-\mu(t-s))^2}{2(t-s)}} \, dy.$$

   (2) $g(x)$ 的被积函数中, 记 $p(s, t, x, y) = \dfrac{1}{\sqrt{2\pi(t-s)}} \mathrm{e}^{-\frac{(y-x-\mu(t-s))^2}{2(t-s)}}$, 称为转移密度, 验证 $p(s, t, x, y)$ 满足如下的柯尔莫哥洛夫倒向方程:

   $$-p_s = \mu p_x + \frac{1}{2} p_{xx}.$$

3. $W(t)$, $t \geqslant 0$ 是布朗运动, $\mathcal{F}(t)$, $t \geqslant 0$ 是该布朗运动生成的域流. 定义 $S(t) = S(0)\mathrm{e}^{\sigma W(t)+\mu t}$, $\mu \in \mathbb{R}$, $\sigma > 0$. 证明:

   (1) $S(t)$ 为马尔可夫过程. 即对任意的博雷尔可测函数 $f(x)$, 以及任意的 $0 \leqslant s \leqslant t$, 都存在博雷尔可测函数 $g(x)$, 满足 $\mathrm{E}[f(S(t))|\mathcal{F}(s)] = g(S(s))$, 且

   $$g(x) = \int_{0}^{+\infty} f(y) \frac{1}{\sigma y \sqrt{2\pi(t-s)}} \mathrm{e}^{-\frac{(\ln\frac{y}{x}-\mu(t-s))^2}{2\sigma^2(t-s)}} \, dy.$$

   (2) $g(x)$ 的被积函数中, 记 $p(s, t, x, y) = \dfrac{1}{\sigma y \sqrt{2\pi(t-s)}} \mathrm{e}^{-\frac{(\ln\frac{y}{x}-\mu(t-s))^2}{2\sigma^2(t-s)}} \, dy$, 称为转移密度, 验证 $p(s, t, x, y)$ 满足如下的柯尔莫哥洛夫倒向方程:

   $$-p_s = (\mu + \frac{1}{2}\sigma^2) x p_x + \frac{1}{2}\sigma^2 x^2 p_{xx}.$$

4. $W(t)$, $t \geqslant 0$ 是布朗运动, 令 $X(t) = aW(t) + bt$, 求 $X(t)$ 的二次变差.

5. $W(t)$, $t \geqslant 0$ 是概率测度空间 $(\Omega, \mathcal{F}, P)$ 上的布朗运动, a, b 是任意正数, 证明: 存在函数 $t(\omega)$, 使得 $\inf\limits_{s \geqslant t(\omega)} (aW(s) + bs) \geqslant 0$ 几乎必然成立.

6. $W(t)$, $t \geqslant 0$ 是布朗运动, $\mathcal{F}(t)$, $t \geqslant 0$ 是该布朗运动生成的域流, $a, b \in \mathbb{R}$. 若 $X(t) = \mathrm{e}^{a\sigma W(t)+bt}$ 是适应于域流 $\mathcal{F}(t)$ 的鞅, 确定 a, b 所满足的条件.

第 3 章 随 机 分 析

文献 [6] 给出了许多与布朗运动相关的随机过程及其公式列表, 文献 [7] 重点介绍了鞅上随机积分理论, 文献 [10] 涵盖内容比较全面, 是一本很好的参考书, 文献 [11] 介绍了随机微分方程理论. 这些文献可作为本章的扩展阅读内容.

3.1 伊 藤 积 分

$W(t)$, $t \geqslant 0$ 是布朗运动, $\mathcal{F}(t)$, $t \geqslant 0$ 是布朗运动生成的域流, $\Delta(t)$, $t \geqslant 0$ 是适应于 $\mathcal{F}(t)$ 的随机过程, 下面我们介绍伊藤积分 $\displaystyle\int_0^t \Delta(u)dW(u)$.

3.1.1 简单过程的伊藤积分

我们先定义简单随机过程的伊藤积分.

定义 3.1 $\mathcal{F}(t)$, $t \geqslant 0$ 是域流, 若 $0 = t_0 < t_1 < t_2 < \cdots < t_n < \cdots$ 满足 $\lim\limits_{n \to \infty} t_n = \infty$, $\Delta(t_i)$ 是 $\mathcal{F}(t_i)$ 可测的随机变量, 称

$$\Delta(t) = \sum_{i=0}^{\infty} \Delta(t_i) I_{[t_i, t_{i+1})}(t)$$

为简单随机过程.

容易看出 $\Delta(t)$ 是右连续的适应过程, 在每个区间 $[t_i, t_{i+1})$ 上都取其左端点的值 $\Delta(t_i)$. 如果 $\Delta(t)$ 只在有限区间 $[0, T]$ 上有定义, 则表达式中只截取相应区间即可. 当 $\Delta(t)$ 为简单随机过程时, 有如下伊藤积分的定义.

定义 3.2 $W(t)$, $t \geqslant 0$ 是概率空间 $(\Omega, \mathcal{F}, P)$ 上的布朗运动, $\mathcal{F}(t)$, $t \geqslant 0$ 是由布朗运动 $W(t)$ 生成的域流, $\Delta(t)$ 是如下的定义在 $[0, \infty)$ 上的简单适应过程

$$\Delta(t) = \sum_{i=0}^{\infty} \Delta(t_i) I_{[t_i, t_{i+1})}(t),$$

其中 $0 = t_0 < t_1 < t_2 < \cdots < t_n < \cdots$ 满足 $\lim\limits_{n \to \infty} t_n = \infty$, $\Delta(t_i)$ 是 $\mathcal{F}(t_i)$ 可测的随机变量, 且 $\mathrm{E}[\Delta^2(t_i)] < \infty$, $i = 0, 1, 2, \cdots$. 则简单过程 $\Delta(t)$ 的伊藤积分定义为

$$\int_0^t \Delta(u)dW(u) = \sum_{i=0}^{\infty} \Delta(t_i)(W(t \wedge t_{i+1}) - W(t \wedge t_i)),$$

记为

$$I(t) = \int_0^t \Delta(u)dW(u).$$

简单随机过程的伊藤积分仍然是一个随机过程, 是关于 (t, ω) 的二元函数, 在不引起混淆的情况下, 通常我们将 $I(t, \omega)$ 简记为 $I(t)$. 对于固定的 t, $I(t)$ 是定义在样本空间 Ω 上的随机变量, 对于任意的 $\omega \in \Omega$, $I(t)$ 是相应于 ω 的样本路径.

注 3.1.1 对于任意取定的 $t \geqslant 0$, 存在唯一的 $k \geqslant 0$, 使得 $t_k \leqslant t < t_{k+1}$, 此时, 伊藤积分可记为

$$I(t) = \sum_{i=0}^{k-1} \Delta(t_i)(W(t_{i+1}) - W(t_i)) + \Delta(t_k)(W(t) - W(t_k)),$$

上式有直观的金融含义, 令 $\Delta(t)$ 表示持有某一资产的头寸过程, 只在每个 t_i 时刻改变头寸, 在时间区间 $[t_i, t_{i+1}]$ 上持有的头寸为 $\Delta(t_i)$ 不变, 若 $W(t)$ 表示资产价格的变化过程, 则 $\Delta(t_i)(W(t_{i+1}) - W(t_i))$ 表示 $[t_i, t_{i+1}]$ 上持有资产获得的收益, $I(t)$ 即为 $[0, t]$ 上持有资产的总收益.

简单适应过程的伊藤积分有以下性质.

性质 3.1.2 (线性性) $\Delta(t)$ 和 $\Gamma(t)$ 是简单适应过程, α, β 是任意常数, 则

$$\int_0^t (\alpha\Delta(u) + \beta\Gamma(u))dW(u) = \alpha \int_0^t \Delta(u)dW(u) + \beta \int_0^t \Gamma(u)dW(u).$$

性质 3.1.3 (区间可加性) $\Delta(t)$ 是简单适应过程, 对任意的 $0 \leqslant s \leqslant t$, 有

$$\int_0^t \Delta(u)dW(u) = \int_0^s \Delta(u)dW(u) + \int_s^t \Delta(u)dW(u).$$

性质 3.1.4 简单适应过程 $\Delta(t)$ 的伊藤积分 $I(t) = \int_0^t \Delta(u)dW(u)$ 有以下性质:

1. (鞅) $I(t)$ 是 $\mathcal{F}(t)$ 可测的连续鞅;

2. (伊藤等距) $\mathrm{E}[I^2(t)] = \mathrm{E}\left[\int_0^t \Delta^2(u)du\right]$;

3. (二次变差) $[I, I](t) = \int_0^t \Delta^2(u)du.$

证明

1. 显然 $I(t)$ 是 $\mathcal{F}(t)$ 可测的, 由布朗运动的连续性易知 $I(t)$ 也是连续的随机过程, 只需证明 $I(t)$ 是鞅. 对任意的 $0 \leqslant s \leqslant t$, 不妨假定 $s \in [t_l, t_{l+1})$, $t \in [t_k, t_{k+1})$, 其中 $l < k$, 即 s, t 位于不同的子区间, 则

$$I(t) = I(s) + \Delta(t_l)(W(t_{l+1}) - W(s)) + \sum_{i=l+1}^{k-1} \Delta(t_i)(W(t_{i+1}) - W(t_i))$$

$$+ \Delta(t_k)(W(t) - W(t_k)),$$

由于 $\Delta(t_i)$ 为 $\mathcal{F}(t_i)$ 可测, $W(t_{i+1}) - W(t_i)$ 独立于 $\mathcal{F}(t_i)$, 可得

$$\mathrm{E}[\Delta(t_l)(W(t_{l+1}) - W(s))|\mathcal{F}(s)] = \Delta(t_l)\mathrm{E}[W(t_{l+1}) - W(s)|\mathcal{F}(s)]$$

$$= \Delta(t_l)\mathrm{E}[W(t_{l+1}) - W(s)]$$

$$= 0$$

及

$$\mathrm{E}[\Delta(t_i)(W(t_{i+1}) - W(t_i))|\mathcal{F}(s)] = \mathrm{E}[\mathrm{E}[\Delta(t_i)(W(t_{i+1}) - W(t_i))|\mathcal{F}(t_i)]|\mathcal{F}(s)]$$

$$= 0, \quad i = l+1, \cdots, k-1,$$

$$\mathrm{E}[\Delta(t_k)(W(t) - W(t_k))|\mathcal{F}(s)] = \mathrm{E}[\mathrm{E}[\Delta(t_k)(W(t) - W(t_k))|\mathcal{F}(t_k)]|\mathcal{F}(s)] = 0,$$

故

$$\mathrm{E}[I(t)|\mathcal{F}(s)] = I(s).$$

当 s, t 位于相同子区间时同理.

2. 假定 $t_k \leqslant t < t_{k+1}$, 不妨令 $t = t_{k+1}$, 则

$$I(t) = \sum_{i=0}^{k} \Delta(t_i)(W(t_{i+1}) - W(t_i)),$$

于是有

$$I^2(t) = \sum_{i=0}^{k} \Delta^2(t_i)(W(t_{i+1}) - W(t_i))^2$$

$$+ 2 \sum_{0 \leqslant i < j \leqslant k} \Delta(t_i)\Delta(t_j)(W(t_{i+1}) - W(t_i))(W(t_{j+1}) - W(t_j)),$$

对任意 $i < j$, 由于 $\Delta(t_i), \Delta(t_j), W(t_{i+1}) - W(t_i)$ 均为 $\mathcal{F}(t_j)$ 可测, 而 $W(t_{j+1}) - W(t_j)$ 独立于 $\mathcal{F}(t_j)$, 且 $\mathrm{E}[W(t_{j+1}) - W(t_j)] = 0$, 故有

$$\mathrm{E}[\Delta(t_i)\Delta(t_j)(W(t_{i+1}) - W(t_i))(W(t_{j+1}) - W(t_j))]$$

$$= \mathrm{E}[\Delta(t_i)\Delta(t_j)(W(t_{i+1}) - W(t_i))]\mathrm{E}[W(t_{j+1}) - W(t_j)]$$

$$= 0,$$

因此

$$\mathrm{E}[I^2(t)] = \sum_{i=0}^{k} \mathrm{E}[\Delta^2(t_i)(W(t_{i+1}) - W(t_i))^2]$$

$$= \sum_{i=0}^{k} \mathrm{E}[\Delta^2(t_i)]\mathrm{E}[(W(t_{i+1}) - W(t_i))^2],$$

由于 $\mathrm{E}[(W(t_{i+1}) - W(t_i))^2] = t_{i+1} - t_i$, $i = 0, 1, \cdots, k$ 并且 $\Delta(t)$ 在 $[t_i, t_{i+1})$ 上取左端点的值 $\Delta(t_i)$, 故

$$\mathrm{E}[\Delta^2(t_i)]\mathrm{E}[(W(t_{i+1}) - W(t_i))^2] = \mathrm{E}[\Delta^2(t_i)(t_{i+1} - t_i)] = \mathrm{E}\left[\int_{t_i}^{t_{i+1}} \Delta^2(u)du\right],$$

于是有

$$\mathrm{E}[I^2(t)] = \sum_{i=0}^{k} \mathrm{E}\left[\int_{t_i}^{t_{i+1}} \Delta^2(u)du\right] = \mathrm{E}\left[\int_0^t \Delta^2(u)du\right].$$

3. 先计算伊藤积分在子区间 $[t_i, t_{i+1}]$ 上积累的二次变差, 取分点 $t_i = s_0 < s_1 < \cdots < s_m = t_{i+1}$, 由于 $\Delta(t)$ 在 $[t_i, t_{i+1})$ 上为常量 $\Delta(t_i)$, 故有

$$I(s_{j+1}) - I(s_j) = \Delta(t_i)(W(s_{j+1}) - W(s_j)),$$

于是

$$\sum_{j=0}^{m-1} [I(s_{j+1}) - I(s_j)]^2 = \sum_{j=0}^{m-1} [\Delta(t_i)(W(s_{j+1}) - W(s_j))]^2$$

$$= \Delta^2(t_i) \sum_{j=0}^{m-1} (W(s_{j+1}) - W(s_j))^2.$$

当 $\lambda = \max\limits_{0 \leqslant j \leqslant m-1} |s_{j+1} - s_j| \to 0$ 时, 由于布朗运动在 $[t_i, t_{i+1}]$ 上积累的二次变差为

$$\lim_{\lambda \to 0} \sum_{j=0}^{m-1} (W(s_{j+1}) - W(s_j))^2 = t_{i+1} - t_i,$$

故伊藤积分在子区间 $[t_i, t_{i+1}]$ 上积累的二次变差为

$$\lim_{\lambda \to 0} \sum_{j=0}^{m-1} [I(s_{j+1}) - I(s_j)]^2 = \Delta^2(t_i) \lim_{\lambda \to 0} \sum_{j=0}^{m-1} (W(s_{j+1}) - W(s_j))^2$$

$$= \Delta^2(t_i)(t_{i+1} - t_i)$$

$$= \int_{t_i}^{t_{i+1}} \Delta^2(u) du.$$

将所有子区间上的二次变差求和可得区间 $[0, t]$ 上积累的二次变差为

$$[I, I](t) = \int_0^t \Delta^2(u) du. \qquad \Box$$

推论 3.1.5 $I(t) = \displaystyle\int_0^t \Delta(u) dW(u)$, $J(t) = \displaystyle\int_0^t \Gamma(u) dW(u)$ 分别为简单适应过程 $\Delta(t)$, $\Gamma(t)$ 的伊藤积分, 则

1. $\mathrm{E}[I(t)J(t)] = \mathrm{E}\left[\displaystyle\int_0^t \Delta(u)\Gamma(u) du\right]$;

2. $[I, J](t) = \displaystyle\int_0^t \Delta(u)\Gamma(u) du$.

证明   由于

$$I(t)J(t) = \frac{(I(t) + J(t))^2 - I^2(t) - J^2(t)}{2},$$

以及

$$[I, J](t) = \frac{[I + J, I + J](t) - [I, I](t) - [J, J](t)}{2},$$

由伊藤等距及伊藤积分的二次变差即得, 略. $\Box$

3.1.2 一般随机过程的伊藤积分

如果 $\Delta(t)$ 不再是 $[0, \infty)$ 上的简单随机过程, 我们通常考虑 $\Delta(t)$ 为右连续的随机过程, 此时, $\Delta(t)$ 可以随时间连续变化也可以有跳跃. 对于一般随机过程, 定义简单随机过程的伊藤积分的方法此时已不再适用, 由于一般随机过程可以由一列简单随机过程来逼近, 因此考虑用简单过程的伊藤积分的极限来定义一般随机过程的伊藤积分.

定义 3.3 $(\Omega, \mathcal{F}, P)$ 是概率测度空间, $\mathcal{F}(t)$, $t \geqslant 0$ 是域流, $\mathcal{B}[0,t]$ 是 $[0,t]$ 中博雷尔集生成的 σ 代数, 随机过程 $\Delta(t) = \Delta(t, \omega)$ 是定义在 $[0, +\infty) \times \Omega$ 上的二元函数, 若对任意的 $t \geqslant 0$ 以及任意的 $B \in \mathcal{B}$, 有

$$\{(s, \omega) : \Delta(s, \omega) \in B, s \in [0, t]\} \in \mathcal{B}[0, t] \times \mathcal{F}(t),$$

则称 $\Delta(t)$ 为相应于域流 $\mathcal{F}(t)$ 的循序过程.

循序过程一定是相应于给定域流的适应过程, 反之未必. 若适应过程是右连续的, 则可以确定其为循序过程. 连续过程或者带跳的右连续过程都是循序过程.

性质 3.1.6 右连续的适应过程是循序过程.

下面我们不加证明地给出如何通过简单过程的伊藤积分的极限来得到一般过程的伊藤积分.

定义 3.4 令 $\mathcal{L}_T^2$ 表示定义在 $[0, T]$ 上满足

$$E\Big[\int_0^T \Delta^2(t)dt\Big] < +\infty$$

的循序过程 $\Delta(t)$ 所构成的空间, $\mathcal{L}_T^2$ 的范数 $\|\cdot\|_T$ 定义为

$$\|\Delta\|_T = \Big(E\Big[\int_0^T \Delta^2(t)dt\Big]\Big)^{\frac{1}{2}}.$$

若 $\Delta(t), \Gamma(t) \in \mathcal{L}_T^2$, 定义

$$d(\Delta, \Gamma) = \|\Delta - \Gamma\|_T = \Big(E\Big[\int_0^T (\Delta(t) - \Gamma(t))^2 dt\Big]\Big)^{\frac{1}{2}}$$

为 $\mathcal{L}_T^2$ 中的距离.

我们不加证明地给出 $\mathcal{L}_T^2$ 的以下性质.

性质 3.1.7 $\mathcal{L}_T^2$ 是完备的.

性质 3.1.8 简单过程构成 $\mathcal{L}_T^2$ 中的稠密线性子空间, 即对任意的 $\Delta(t) \in \mathcal{L}_T^2$, 存在简单过程序列 $\{\Delta_n(t)\} \subset \mathcal{L}_T^2$, 满足

$$\lim_{n \to \infty} E\left[\int_0^T (\Delta_n(t) - \Delta(t))^2 dt\right] = 0.$$

即 $\lim\limits_{n \to \infty} d(\Delta_n, \Delta) = \lim\limits_{n \to \infty} \|\Delta_n - \Delta\|_T = 0.$

即存在简单过程序列 $\{\Delta_n(t)\}$, 其是以 $\Delta(t)$ 为极限的基本列.

定义 3.5　令 $L^2(\Omega, \mathcal{F}, P)$ 为概率空间 $(\Omega, \mathcal{F}, P)$ 中平方可积的随机变量构成的空间. 当 $X \in L^2(\Omega, \mathcal{F}, P)$ 时, 有 $\mathrm{E}[X^2] < \infty$. $L^2(\Omega, \mathcal{F}, P)$ 中的范数 $\|\cdot\|_2$ 定义为

$$\|X\|_2 = (\mathrm{E}[X^2])^{\frac{1}{2}},$$

对任意的 $X, Y \in L^2(\Omega, \mathcal{F}, P)$, 定义

$$d(X, Y) = \|X - Y\|_2 = \mathrm{E}[(X - Y)^2]^{\frac{1}{2}}$$

为 $L^2(\Omega, \mathcal{F}, P)$ 中的距离.

性质 3.1.9　$L^2(\Omega, \mathcal{F}, P)$ 是完备的.

若 $\Delta(t)$ 是 $\mathcal{L}_T^2$ 中的简单过程, 截至时刻 T 的伊藤积分为 $I(T) = \int_0^T \Delta(t) dW(t)$. 由于 $\Delta(t) \in \mathcal{L}_T^2$, 有

$$\|\Delta\|_T = \left(\mathrm{E}\Big[\int_0^T \Delta^2(t) dt \Big] \right)^{\frac{1}{2}} < +\infty,$$

由伊藤等距, 有

$$\|I(T)\|_2^2 = \mathrm{E}[I^2(T)] = \mathrm{E}\Big[\int_0^T \Delta^2(t) dt \Big] < +\infty,$$

故有 $I(T) \in L^2(\Omega, \mathcal{F}, P)$, 且

$$\|\Delta\|_T = \|I(T)\|_2.$$

可以看出, 若将映射

$$I : \Delta(t) \to \int_0^T \Delta(t) dW(t)$$

视为从 $\mathcal{L}_T^2$ 中简单过程构成的稠密线性子空间到 $L^2(\Omega, \mathcal{F}, P)$ 中的映射, 则它是一个等距映射 (这就是伊藤等距的含义), 可将其扩展至整个 $\mathcal{L}_T^2$.

对任意的 $\Delta(t) \in \mathcal{L}_T^2$, 设简单过程列 $\{\Delta_n(t)\} \subset \mathcal{L}_T^2$, 且 $\lim\limits_{n \to \infty} \|\Delta_n - \Delta\|_T = 0$, 则 $\{\Delta_n(t)\}$ 为 $\mathcal{L}_T^2$ 中的基本列, 有 $\lim\limits_{n,m \to \infty} \|\Delta_n - \Delta_m\|_T = 0$.

令 $I_n(T) = \int_0^T \Delta_n(t) dW(t)$, 由于

$$\lim_{n,m \to \infty} \|I_n(T) - I_m(T)\|_2 = \lim_{n,m \to \infty} \|\Delta_n - \Delta_m\|_T = 0,$$

故 $\{I_n(T)\}$ 也为 $L^2(\Omega, \mathcal{F}, P)$ 中的基本列. 由 $L^2(\Omega, \mathcal{F}, P)$ 的完备性可知, $\{I_n(T)\}$ 的极限存在, 记为 $I(T)$, 我们将其定义为 $\Delta(t)$ 的伊藤积分 ($\Delta(t)$ 在映射 I 下的像), 即

$$I(T) = \lim_{n \to \infty} I_n(T),$$

或

$$\int_0^T \Delta(t) dW(t) = \lim_{n \to \infty} \int_0^T \Delta_n(t) dW(t).$$

注意, 此极限是在 $L^2(\Omega, \mathcal{F}, P)$ 中均方收敛意义下的极限, 如果提前选取合适的子列, 可使得 $\{I_n(T)\}$ 几乎必然收敛到 $I(T)$.

至此我们给出了在 $[0, T]$ 上平方可积随机过程 $\Delta(t)$ 截至时刻 T 的伊藤积分, 容易看出对任意的 $t \in [0, T]$, 以上方法给出了 $\Delta(t)$ 截至时刻 t 的伊藤积分的定义, 即

$$I(t) = \int_0^t \Delta(u) dW(u) = \lim_{n \to \infty} \int_0^t \Delta_n(u) dW(u), \quad t \in [0, T].$$

例 3.1.10 计算 $\int_0^t W(u) dW(u)$.

解 令 $W_n(u) = \sum_{j=0}^{n-1} W\left(\dfrac{jt}{n}\right) I_{\left[\frac{jt}{n}, \frac{(j+1)t}{n}\right)}(u)$, 对任意的 $0 \leqslant u \leqslant t$, 存在唯一的 $j \in \mathbb{N}$, 满足 $\dfrac{jt}{n} \leqslant u < \dfrac{(j+1)t}{n}$, 易知 $W(u) - W_n(u) \sim N\left(0, u - \dfrac{jt}{n}\right)$, 于是

$$E[(W(u) - W_n(u))^2] = u - \frac{jt}{n} \leqslant \frac{t}{n},$$

故

$$E\left[\int_0^t (W_n(u) - W(u))^2 du\right] = \int_0^t E(W_n(u) - W(u))^2 du \leqslant \int_0^t \frac{t}{n} du = \frac{t^2}{n} \to 0,$$

根据伊藤积分的定义,

$$\int_0^t W(u) dW(u) = \lim_{n \to \infty} \int_0^t W_n(u) dW(u)$$

$$= \lim_{n \to \infty} \sum_{j=0}^{n-1} W\left(\frac{jt}{n}\right) \left[W\left(\frac{(j+1)t}{n}\right) - W\left(\frac{jt}{n}\right)\right].$$

由于

$$\sum_{j=0}^{n-1} W\left(\frac{jt}{n}\right) \left[W\left(\frac{(j+1)t}{n}\right) - W\left(\frac{jt}{n}\right)\right] = \frac{1}{2} W^2(t) - \frac{1}{2} \sum_{j=0}^{n-1} \left[W\left(\frac{(j+1)t}{n}\right) - W\left(\frac{jt}{n}\right)\right]^2,$$

而

$$\lim_{n\to\infty}\sum_{j=0}^{n-1}\left[W\left(\frac{(j+1)t}{n}\right)-W\left(\frac{jt}{n}\right)\right]^2=[W,W](t)=t,$$

故

$$\int_0^t W(u)dW(u)=\frac{1}{2}W^2(t)-\frac{1}{2}t.$$

用定义计算伊藤积分的过程较为复杂, 在下一节我们将介绍在伊藤积分计算中非常有用的伊藤公式.

一般过程 $\Delta(t)$ 的伊藤积分继承了简单过程的伊藤积分的以下性质.

定理 3.1.11 $(\Omega,\mathcal{F},P)$ 是概率空间, $\mathcal{F}(t)$, $t\geqslant 0$ 是由布朗运动 $W(t)$, $t\geqslant 0$ 生成的域流. $T>0$, $\Delta(t)$, $0\leqslant t\leqslant T$ 是满足 $\mathrm{E}\left[\int_0^T\Delta^2(t)dt\right]<\infty$ 的适应随机过程. 则 $\Delta(t)$ 的伊藤积分 $I(t)=\int_0^t\Delta(u)dW(u)$ 满足

1. (鞅) $I(t)$ 是适应于 $\mathcal{F}(t)$ 的连续鞅;
2. (区间可加性) 对任意的 $0\leqslant s\leqslant t$, 有

$$\int_0^t\Delta(u)dW(u)=\int_0^s\Delta(u)dW(u)+\int_s^t\Delta(u)dW(u);$$

3. (伊藤等距) $\mathrm{E}[I^2(t)]=\mathrm{E}\left[\int_0^t\Delta^2(u)du\right];$

4. (二次变差) $[I,I](t)=\int_0^t\Delta^2(u)du;$

若适应随机过程 $\Gamma(t)$ 也满足 $\mathrm{E}\left[\int_0^T\Gamma^2(u)du\right]<\infty$, 记 $J(t)=\int_0^t\Gamma(u)dW(u)$, α,β 为任意常数, 则

5. (线性性) $\int_0^t(\alpha\Delta(u)+\beta\Gamma(u))dW(u)=\alpha\int_0^t\Delta(u)dW(u)+\beta\int_0^t\Gamma(u)dW(u);$

6. (协方差) $\mathrm{E}[I(t)J(t)]=\mathrm{E}\left[\int_0^t\Delta(u)\Gamma(u)du\right];$

7. (交互变差) $[I,J](t)=\int_0^t\Delta(u)\Gamma(u)du.$

注 3.1.12 伊藤积分相应的微分形式为

$$dI(t)=\Delta(t)dW(t),$$

利用布朗运动二次变差的微分形式的运算规则, 可以得到伊藤积分二次变差的微分形式

$$d[I,I](t) = dI(t)dI(t) = \Delta(t)dW(t)\Delta(t)dW(t) = \Delta^2(t)dt,$$

同样地, 记 $dJ(t) = \Gamma(t)dW(t)$, 交互变差的微分形式为

$$d[I,J](t) = dI(t)dJ(t) = \Delta(t)dW(t)\Gamma(t)dW(t) = \Delta(t)\Gamma(t)dt.$$

$W(t)$ 是概率空间 $(\Omega, \mathcal{F}, P)$ 上的布朗运动, $\mathcal{F}(t)$, $t \geqslant 0$ 是由 $W(t)$ 生成的域流, 关于适应过程 $\Delta(t)$ 的伊藤积分 $I(t) = \int_0^t \Delta(u)dW(u)$ 是适应于域流 $\mathcal{F}(t)$ 的鞅. 以下的鞅表示定理说明任一适应于域流 $\mathcal{F}(t)$ 的鞅都可表示为适应过程的伊藤积分.

定理 3.1.13 (鞅表示定理) $W(t)$, $t \geqslant 0$ 是概率测度空间 $(\Omega, \mathcal{F}, P)$ 上的布朗运动, $\mathcal{F}(t)$, $t \geqslant 0$ 是由该布朗运动生成的域流, $M(t)$, $t \geqslant 0$ 是适应于域流 $\mathcal{F}(t)$ 的鞅. 则存在适应过程 $H(t)$, $t \geqslant 0$, 使得

$$M(t) = M(0) + \int_0^t H(u)dW(u).$$

证明 定理证明可参见文献 [5] 5.2 节, 略.   □

3.2 伊 藤 公 式

伊藤公式是随机分析中的重要工具, 其作用类似于微积分中的牛顿–莱布尼茨公式. 在这一节中我们将看到它们之间的联系与区别.

3.2.1 布朗运动的伊藤公式

定理 3.2.1 (伊藤公式) $W(t)$, $t \geqslant 0$ 是布朗运动, $f(x)$ 是定义在 $\mathbb{R}$ 上的一元函数, 且具有连续二阶导数, 则对任意的 $t \geqslant 0$, 有

$$f(W(t)) = f(0) + \int_0^t f'(W(u))dW(u) + \frac{1}{2}\int_0^t f''(W(u))du.$$

证明 令 $0 = t_0 < t_1 < t_2 < \cdots < t_n = t$ 是 $[0,t]$ 的一个划分, 则

$$f(W(t)) = f(0) + \sum_{i=0}^{n-1}(f(W(t_{i+1})) - f(W(t_i))),$$

记 $\Delta W_i = W(t_{i+1}) - W(t_i)$, $\Delta t_i = t_{i+1} - t_i$, $i = 0, 1, \cdots, n-1$, 由泰勒公式, 对任意的 $i = 0, 1, \cdots, n-1$, 有

$$f(W(t_{i+1})) = f(W(t_i)) + f'(W(t_i))\Delta W_i + \frac{1}{2}f''(W(\xi_i))(\Delta W_i)^2,$$

其中 $\xi_i \in (t_i, t_{i+1})$, 故

$$f(W(t)) = f(0) + \sum_{i=0}^{n-1} f'(W(t_i))\Delta W_i + \frac{1}{2}\sum_{i=0}^{n-1} f''(W(\xi_i))(\Delta W_i)^2.$$

当 $n \to \infty$ 且 $\lambda = \max_{0 \leqslant i \leqslant n-1}|\Delta t_i| \to 0$ 时, 根据伊藤积分的定义可得

$$\lim_{\lambda \to 0}\sum_{i=0}^{n-1} f'(W(t_i))\Delta W_i = \int_0^t f'(W(u))dW(u).$$

下面我们证明 $\sum_{i=0}^{n-1} f''(W(\xi_i))(\Delta W_i)^2$ 收敛于 $\int_0^t f''(W(u))du$. 根据定积分的定义及 $f''(x)$ 与 $W(t)$ 的连续性, 可得

$$\lim_{\lambda \to 0}\sum_{i=0}^{n-1} f''(W(t_i))\Delta t_i = \int_0^t f''(W(u))du,$$

令

$$Q_n = \sum_{i=0}^{n-1} f''(W(t_i))(\Delta W_i)^2 - \sum_{i=0}^{n-1} f''(W(t_i))\Delta t_i,$$

由于 $f''(W(t_i))$ 为 $\mathcal{F}(t_i)$ 可测, 而 ΔW_i 独立于 $\mathcal{F}(t_i)$ 且 $\mathrm{E}[(\Delta W_i)^2] = \Delta t_i$ 可得

$$\mathrm{E}[Q_n] = \mathrm{E}\left[\sum_{i=0}^{n-1} f''(W(t_i))(\Delta W_i)^2 - \sum_{i=0}^{n-1} f''(W(t_i))\Delta t_i\right]$$
$$= \sum_{i=0}^{n-1} \mathrm{E}[f''(W(t_i))]\mathrm{E}[(\Delta W_i)^2 - \Delta t_i] = 0,$$

以及

$$\mathrm{Var}[Q_n] = \mathrm{E}\left[\left(\sum_{i=0}^{n-1} f''(W(t_i))(\Delta W_i)^2 - \sum_{i=0}^{n-1} f''(W(t_i))\Delta t_i\right)^2\right]$$

$$= \sum_{i=0}^{n-1} \mathrm{E}[(f''(W(t_i)))^2]\mathrm{E}[((\Delta W_i)^2 - \Delta t_i)^2]$$

$$= 2\sum_{i=0}^{n-1} \mathrm{E}[(f''(W(t_i)))^2](\Delta t_i)^2$$

$$\leqslant 2\lambda \sum_{i=0}^{n-1} \mathrm{E}[(f''(W(t_i)))^2]\Delta t_i,$$

由于

$$\lim_{\lambda \to 0} \sum_{i=0}^{n-1} \mathrm{E}[(f''(W(t_i)))^2]\Delta t_i = \int_0^t \mathrm{E}[(f''(W(u)))^2]du < \infty,$$

故当 $\lambda \to 0$ 时, 上式右端趋于 0, 故有 $\mathrm{E}[Q_n] = 0$, $\lim\limits_{\lambda \to 0} \mathrm{Var}[Q_n] = 0$, 即 Q_n 均方收敛到 0. 故

$$\lim_{\lambda \to 0} \sum_{i=0}^{n-1} f''(W(t_i))(\Delta W_i)^2 = \lim_{\lambda \to 0} \sum_{i=0}^{n-1} f''(W(t_i))\Delta t_i = \int_0^t f''(W(u))du,$$

又

$$\left|\sum_{i=0}^{n-1} f''(W(t_i))(\Delta W_i)^2 - \sum_{i=0}^{n-1} f''(W(\xi_i))(\Delta W_i)^2\right|$$

$$\leqslant \max_{0 \leqslant i \leqslant n-1} |f''(W(t_i)) - f''(W(\xi_i))| \sum_{i=0}^{n-1} (\Delta W_i)^2,$$

由 $f''(x)$ 与 $W(t)$ 的连续性可得

$$\lim_{\lambda \to 0} \max_{0 \leqslant i \leqslant n-1} |f''(W(t_i)) - f''(W(\xi_i))| = 0,$$

而 $\lim\limits_{\lambda \to 0} \sum\limits_{i=0}^{n-1} (\Delta W_i)^2 = t$ 几乎必然成立, 故

$$\lim_{\lambda \to 0} \left(\sum_{i=0}^{n-1} f''(W(t_i))(\Delta W_i)^2 - \sum_{i=0}^{n-1} f''(W(\xi_i))(\Delta W_i)^2\right) = 0,$$

由此可得

$$\lim_{\lambda \to 0} \sum_{i=0}^{n-1} f''(W(\xi_i))(\Delta W_i)^2 = \lim_{\lambda \to 0} \sum_{i=0}^{n-1} f''(W(t_i))(\Delta W_i)^2 = \int_0^t f''(W(u))du. \quad \square$$

注 3.2.2 对证明中的收敛性作一个说明, 从证明过程可以看出

$$\lim_{\lambda \to 0} \sum_{i=0}^{n-1} f'(W(t_i))\Delta W_i = \int_0^t f'(W(u))dW(u)$$

和

$$\lim_{\lambda \to 0} \sum_{i=0}^{n-1} f''(W(\xi_i))(\Delta W_i)^2 = \int_0^t f''(W(u))du$$

都是均方意义下的收敛, 选择合适的子列可使其为几乎必然收敛.

注 3.2.3 伊藤公式的微分形式记为

$$df(W(t)) = f'(W(t))dW(t) + \frac{1}{2}f''(W(t))dt,$$

借助泰勒公式, 我们来说明伊藤公式和牛顿–莱布尼茨公式的区别.

函数 $f(t)$ 在区间 I 上有连续二阶导数, 若 $t, t + \Delta t \in I$, 由泰勒公式可得

$$f(t + \Delta t) - f(t) = f'(t)\Delta t + \frac{1}{2}f''(t)(\Delta t)^2 + o((\Delta t)^2),$$

记 $\Delta f(t) = f(t+\Delta t) - f(t)$ 表示函数 $f(t)$ 在区间 $[t, t+\Delta t]$ 上的增量, 计算 $f(t)$ 在区间 I 上的增量时, 需要对 I 进行划分, 并将每个小区间上的增量 $\Delta f(t)$ 求和取极限, 但当划分宽度趋于零时, 等式右侧除了第一项外, 均为 Δt 的高阶无穷小, 求和后以零为极限. 故只保留第一项, 称为 $\Delta f(t)$ 的线性主部, 记为 $df(t)$. 即可微函数微分的定义

$$df(t) = f'(t)dt.$$

若 $f(W(t))$ 是关于布朗运动 $W(t)$ 的函数, 当 t 产生一个增量 Δt, 即当 $t \to t + \Delta t$ 时, 布朗运动 $W(t) \to W(t + \Delta t)$, 记 $\Delta W(t) = W(t + \Delta t) - W(t)$ 为布朗运动的增量, 有 $W(t + \Delta t) = W(t) + \Delta W(t)$, 由泰勒公式有

$$f(W(t+\Delta t)) - f(W(t)) = f'(W(t))\Delta W(t) + \frac{1}{2}f''(W(t))(\Delta W(t))^2 + o((\Delta W(t))^2).$$

记 $\Delta f(W(t)) = f(W(t+\Delta t)) - f(W(t))$ 为 $f(W(t))$ 在区间 $[t, t+\Delta t]$ 上的增量, 计算 $f(W(t))$ 在时间区间 I 上的增量时, 同理需要将增量 $\Delta f(W(t))$ 在 I 上求和

取极限, 等式右端第一项求和取极限即为伊藤公式中的伊藤积分项, 由于 $W(t)$ 的二次变差非零, 右端第二项求和后的极限非零 (这是与微积分的重要区别), 会趋于伊藤公式中的定积分项, 也需保留不能忽略. 二阶以上的高阶无穷小项求和后的极限为零. 故对于 $\Delta f(W(t))$, 需保留前两项作为 $\Delta f(t)$ 的 "线性主部", 记为

$$df(W(t)) = f'(W(t))dW(t) + \frac{1}{2}f''(W(t))dW(t)dW(t),$$

从伊藤公式的证明可以看到, $f''(W(t))dW(t)dW(t)$ 与 $f''(W(t))dt$ 在积分的意义下有相同的结果, 于是有以下伊藤公式的微分形式

$$df(W(t)) = f'(W(t))dW(t) + \frac{1}{2}f''(W(t))dt,$$

在运算上, 也可看作直接代入 $dW(t)dW(t) = dt$ 的结果.

例 3.2.4 设 $X(t) = \mathrm{e}^{W(t)}$, 计算 $dX(t)$.

解 令 $f(x) = \mathrm{e}^x$, 则 $f(x) = f'(x) = f''(x) = \mathrm{e}^x$, 由伊藤公式知

$$\begin{aligned}
dX(t) &= df(W(t)) \\
&= f'(W(t))dW(t) + \frac{1}{2}f''(W(t))dt \\
&= \mathrm{e}^{W(t)}dW(t) + \frac{1}{2}\mathrm{e}^{W(t)}dt \\
&= X(t)dW(t) + \frac{1}{2}X(t)dt.
\end{aligned}$$

例 3.2.5 计算 $\int_0^t W(u)dW(u)$.

解 令 $f(x) = x^2$, 则 $f'(x) = 2x, f''(x) = 2$, 由伊藤公式可得

$$dW^2(t) = 2W(t)dW(t) + dt,$$

两端从 0 到 t 积分得

$$W^2(t) - W^2(0) = 2\int_0^t W(u)dW(u) + t,$$

由于 $W(0) = 0$, 故

$$\int_0^t W(u)dW(u) = \frac{1}{2}W^2(t) - \frac{1}{2}t.$$

考虑关于时间 t 以及布朗运动 $W(t)$ 的二元函数, 利用多元函数的泰勒公式, 有以下结果.

定理 3.2.6 $W(t)$, $t \geqslant 0$ 是布朗运动, $f(t,x)$ 是定义在 $\mathbb{R}^2$ 上的二元函数, 且具有连续的二阶偏导数, 则对任意的 $t \geqslant 0$, 有

$$f(t,W(t)) = f(0,W(0)) + \int_0^t f_t(u,W(u))du + \int_0^t f_x(u,W(u))dW(u)$$
$$+ \frac{1}{2}\int_0^t f_{xx}(u,W(u))du.$$

证明 令 $0 = t_0 < t_1 < t_2 < \cdots < t_n = t$ 是 $[0,t]$ 的一个划分, 则

$$f(t,W(t)) = f(0,W(0)) + \sum_{i=0}^{n-1}(f(t_{i+1},W(t_{i+1})) - f(t_i,W(t_i))),$$

记 $\Delta W_i = W(t_{i+1}) - W(t_i)$, $\Delta t_i = t_{i+1} - t_i$, $i = 0,1,\cdots,n-1$, 由二元函数的泰勒公式, 对任意的 $i = 0,1,\cdots,n-1$, 有

$$f(t_{i+1},W(t_{i+1})) = f(t_i,W(t_i)) + f_t(t_i,W(t_i))\Delta t_i + f_x(t_i,W(t_i))\Delta W_i$$
$$+ \frac{1}{2}[f_{xx}(\theta_i,W(\eta_i))(\Delta W_i)^2 + 2f_{xt}(\theta_i,W(\eta_i))\Delta W_i\Delta t_i$$
$$+ f_{tt}(\theta_i,W(\eta_i))(\Delta t_i)^2],$$

其中 $\theta_i,\eta_i \in (t_i,t_{i+1})$, 故

$$f(t,W(t)) = f(0,W(0)) + \sum_{i=0}^{n-1} f_t(t_i,W(t_i))\Delta t_i + \sum_{i=0}^{n-1} f_x(t_i,W(t_i))\Delta W_i$$
$$+ \frac{1}{2}\sum_{i=0}^{n-1} f_{xx}(\theta_i,W(\eta_i))(\Delta W_i)^2 + \sum_{i=0}^{n-1} f_{xt}(\theta_i,W(\eta_i))\Delta W_i\Delta t_i$$
$$+ \frac{1}{2}\sum_{i=0}^{n-1} f_{tt}(\theta_i,W(\eta_i))(\Delta t_i)^2.$$

当 $n \to \infty$ 且 $\lambda = \max_{0 \leqslant i \leqslant n-1} |\Delta t_i| \to 0$ 时, 根据定积分及伊藤积分的定义, 类似于一元情形的证明, 同理可得

$$\lim_{\lambda \to 0}\sum_{i=0}^{n-1} f_t(t_i,W(t_i))\Delta t_i = \int_0^t f_t(u,W(u))du,$$

$$\lim_{\lambda \to 0}\sum_{i=0}^{n-1} f_x(t_i,W(t_i))\Delta W_i = \int_0^t f_x(u,W(u))dW(u),$$

$$\lim_{\lambda \to 0} \sum_{i=0}^{n-1} f_{xx}(\theta_i, W(\eta_i))(\Delta W_i)^2 = \int_0^t f_{xx}(u, W(u))du,$$

而

$$\left| \sum_{i=0}^{n-1} f_{xt}(\theta_i, W(\eta_i))\Delta W_i \Delta t_i \right| \leqslant \max_{0 \leqslant i \leqslant n-1} |\Delta W_i| \sum_{i=0}^{n-1} |f_{xt}(\theta_i, W(\eta_i))|\Delta t_i,$$

当 $n \to \infty$ 且 $\lambda = \max_{0 \leqslant i \leqslant n-1} |\Delta t_i| \to 0$ 时, 由于 $\max_{0 \leqslant i \leqslant n-1} |\Delta W_i| \to 0$, 以及

$$\lim_{\lambda \to 0} \sum_{i=0}^{n-1} |f_{xt}(\theta_i, W(\eta_i))|\Delta t_i = \int_0^t |f_{xt}(u, W(u))|du < \infty,$$

故

$$\lim_{\lambda \to 0} \sum_{i=0}^{n-1} f_{xt}(\theta_i, W(\eta_i))\Delta W_i \Delta t_i = 0.$$

同理可得

$$\lim_{\lambda \to 0} \sum_{i=0}^{n-1} f_{tt}(\theta_i, W(\eta_i))(\Delta t_i)^2 = 0.$$

故

$$f(t, W(t)) = f(0, W(0)) + \int_0^t f_t(u, W(u))du + \int_0^t f_x(u, W(u))dW(u)$$
$$+ \frac{1}{2} \int_0^t f_{xx}(u, W(u))du. \qquad \Box$$

注 3.2.7 类似于一元情形, 根据二元函数的泰勒公式, $f(t, W(t))$ 可展开为如下的微分形式 (忽略二阶以上的高阶无穷小):

$$df(t, W(t)) = f_t(t, W(t))dt + f_x(t, W(t))dW(t) + \frac{1}{2} f_{xx}(t, W(t))dW(t)dW(t)$$
$$+ f_{xt}(t, W(t))dt dW(t) + \frac{1}{2} f_{tt}(t, W(t))(dt)^2,$$

从证明过程可以看出, $f_{xt}(t, W(t))dt dW(t)$ 以及 $f_{tt}(t, W(t))(dt)^2$ 在求和 (积分) 后趋于零, 可视为高阶无穷小舍去. 故 $f(t, W(t))$ 的微分中只需保留前三项, 即

$$df(t, W(t)) = f_t(t, W(t))dt + f_x(t, W(t))dW(t) + \frac{1}{2} f_{xx}(t, W(t))dt.$$

例 3.2.8　$W(t)$ 是布朗运动, 令 $X(t) = \mathrm{e}^{t/2}\sin(W(t))$, 证明: $X(t)$ 是鞅.

证明　令 $f(t,x) = \mathrm{e}^{t/2}\sin(x)$, 则 $f_t(t,x) = \dfrac{1}{2}\mathrm{e}^{t/2}\sin(x)$, $f_x(t,x) = \mathrm{e}^{t/2}\cos(x)$, $f_{xx}(t,x) = -\mathrm{e}^{t/2}\sin(x)$, 由伊藤公式知

$$
\begin{aligned}
dX(t) &= df(t,W(t)) \\
&= f_t(t,W(t))dt + f_x(t,W(t))dW(t) + \frac{1}{2}f_{xx}(t,W(t))dt \\
&= \mathrm{e}^{t/2}\cos(W(t))dW(t),
\end{aligned}
$$

积分可得

$$
X(t) = X(0) + \int_0^t \mathrm{e}^{u/2}\cos(W(u))dW(u),
$$

故 $X(t)$ 是鞅.

注 3.2.9　由于布朗运动的伊藤积分是鞅, 通过伊藤公式证明随机过程 $X(t)$ 的微分具有形式 $dX(t) = \Delta(t)dW(t)$, 可将 $X(t)$ 表示为伊藤积分, 由此可以断定 $X(t)$ 是鞅. 这是除定义外的另一种说明随机过程是鞅的方法.

3.2.2　伊藤过程的伊藤公式

下面我们将布朗运动的伊藤公式推广到更一般的情形, 即关于伊藤过程的伊藤公式.

定义 3.6　$W(t)$, $t \geqslant 0$ 是布朗运动, $\mathcal{F}(t)$, $t \geqslant 0$ 是由布朗运动 $W(t)$ 生成的域流, $X(t)$ 是定义在 $[0,\infty)$ 上的具有如下形式的适应过程

$$
X(t) = X(0) + \int_0^t \Delta(u)dW(u) + \int_0^t \Theta(u)du,
$$

其中 $X(0)$ 非随机, $\Delta(t)$, $\Theta(t)$ 是适应于 $\mathcal{F}(t)$ 的随机过程. 称 $X(t)$ 为伊藤过程.

本书中涉及的连续随机过程都是伊藤过程.

定理 3.2.10　伊藤过程 $X(t)$ 的二次变差 $[X,X](t) = \int_0^t \Delta^2(u)du$.

证明　记 $I(t) = \int_0^t \Delta(u)dW(u)$, $R(t) = \int_0^t \Theta(u)du$, 故 $X(t) = X(0) + I(t) + R(t)$, 于是

$$
[X,X](t) = [I+R,I+R](t) = [I,I](t) + 2[I,R](t) + [R,R](t),
$$

由于 $I(t)$ 和 $R(t)$ 关于 t 连续, 且 $R(t)$ 的一阶变差有限, 由性质 2.2.6 可得

$$[I, R](t) = [R, R](t) = 0,$$

故

$$[X, X](t) = [I, I](t) = \int_0^t \Delta^2(u) du.$$ □

注 3.2.11 伊藤过程的微分形式记为

$$dX(t) = \Delta(t) dW(t) + \Theta(t) dt,$$

直接用微分形式进行计算, 有

$$dX(t) dX(t) = \Delta^2(t) dW(t) dW(t) + \Theta^2(t) dt dt + 2\Delta(t)\Theta(t) dW(t) dt,$$

代入 $dW(t) dt = dt dt = 0$ 可得

$$dX(t) dX(t) = \Delta^2(t) dt.$$

$X(t)$ 的二次变差的微分形式也记为

$$d[X, X](t) = dX(t) dX(t) = \Delta^2(t) dt,$$

伊藤过程的二次变差仅与其定义中的伊藤积分项有关, 且在单位时间内积累的速率为 $\Delta^2(t)$.

例 3.2.12 $W(t)$ 是布朗运动, 令 $X(t) = tW(t)$, 计算 $X(t)$ 的二次变差 $[X, X](t)$.

解 令 $f(t, x) = tx$, 则 $f_t(t, x) = x, f_x(t, x) = t, f_{xx}(t, x) = 0$, 由伊藤公式知

$$\begin{aligned}
dX(t) &= df(t, W(t)) \\
&= f_t(t, W(t)) dt + f_x(t, W(t)) dW(t) + \frac{1}{2} f_{xx}(t, W(t)) dt \\
&= W(t) dt + t dW(t),
\end{aligned}$$

故

$$dX(t) dX(t) = (W(t) dt + t dW(t))^2 = t^2 dt,$$

二次变差

$$[X, X](t) = \int_0^t u^2 du = \frac{t^3}{3}.$$

定义 3.7　$W(t), t \geqslant 0$ 是布朗运动, $\mathcal{F}(t), t \geqslant 0$ 是由布朗运动 $W(t)$ 生成的域流, $\Gamma(t), t \geqslant 0$ 是适应于 $\mathcal{F}(t)$ 的随机过程, 关于伊藤过程 $X(t), t \geqslant 0$ 的积分定义为

$$\int_0^t \Gamma(u)dX(u) = \int_0^t \Gamma(u)\Delta(u)dW(u) + \int_0^t \Gamma(u)\Theta(u)du.$$

类似于布朗运动, 关于伊藤过程有如下的伊藤公式.

定理 3.2.13　$f(x)$ 是定义在 $\mathbb{R}$ 上的一元函数, 且具有连续二阶导数, $X(t), t \geqslant 0$ 是满足如下微分形式的伊藤过程:

$$dX(t) = \Delta(t)dW(t) + \Theta(t)dt,$$

则

$$f(X(t)) = f(X(0)) + \int_0^t f'(X(u))dX(u) + \frac{1}{2}\int_0^t f''(X(u))dX(u)dX(u).$$

证明　证明类似于定理 3.2.1, 略.　　　　　　　　　　　　　　　　□

定理结果用微分形式表示为

$$df(X(t)) = f'(X(t))dX(t) + \frac{1}{2}f''(X(t))dX(t)dX(t),$$

代入 $dX(t) = \Delta(t)dW(t) + \Theta(t)dt$ 可得

$$df(X(t)) = \left[f'(X(t))\Theta(t) + \frac{1}{2}f''(X(t))\Delta^2(t)\right]dt + f'(X(t))\Delta(t)dW(t).$$

例 3.2.14　$X(t), t \geqslant 0$ 是伊藤过程, 证明其二次变差满足

$$[X, X](t) = X^2(t) - X^2(0) - 2\int_0^t X(u)dX(u).$$

证明　令 $f(x) = x^2$, 则 $f'(x) = 2x, f''(x) = 2$, 由伊藤公式有

$$dX^2(t) = df(X(t)) = 2X(t)dX(t) + \frac{1}{2} \cdot 2dX(t)dX(t),$$

两端从 0 到 t 积分可得

$$X^2(t) - X^2(0) = 2\int_0^t X(u)dX(u) + [X, X](t),$$

移项即得.　　　　　　　　　　　　　　　　　　　　　　　　　　□

例 3.2.15 $W(t), t \geqslant 0$ 是布朗运动, $\mathcal{F}(t), t \geqslant 0$ 是由布朗运动生成的域流, $\alpha(t), \sigma(t), t \geqslant 0$ 是适应过程, 令

$$S(t) = S(0)\mathrm{e}^{\int_0^t \sigma(u)dW(u) + \int_0^t (\alpha(u) - \frac{1}{2}\sigma^2(u))du},$$

其中 $S(0)$ 为定值, 计算 $dS(t)$.

解 令 $X(t) = \int_0^t \sigma(u)dW(u) + \int_0^t (\alpha(u) - \frac{1}{2}\sigma^2(u))du$, 以及 $f(x) = S(0)\mathrm{e}^x$, 则 $S(t) = f(X(t))$. 又 $f(x) = f'(x) = f''(x) = S(0)\mathrm{e}^x$, 由伊藤公式有

$$dS(t) = df(X(t)) = f'(X(t))dX(t) + \frac{1}{2}f''(X(t))dX(t)dX(t),$$

代入 $f'(X(t)) = f''(X(t)) = S(t)$, 以及

$$dX(t) = \sigma(t)dW(t) + (\alpha(t) - \frac{1}{2}\sigma^2(t))dt,$$

$$dX(t)dX(t) = \sigma^2(t)dt,$$

可得

$$dS(t) = S(t)\Big[\sigma(t)dW(t) + (\alpha(t) - \frac{1}{2}\sigma^2(t))dt\Big] + \frac{1}{2}S(t)\sigma^2(t)dt$$

$$= \alpha(t)S(t)dt + \sigma(t)S(t)dW(t).$$

注 3.2.16 例 3.2.15 中的随机过程 $S(t)$ 称为广义几何布朗运动, 当参数 $\alpha(t)$, $\sigma(t)$ 为常数时, 称为几何布朗运动. 方程

$$dS(t) = \alpha(t)S(t)dt + \sigma(t)S(t)dW(t)$$

称为 $S(t)$ 满足的随机微分方程, 其中 $\alpha(t), \sigma(t)$ 分别称为 $S(t)$ 的收益率和波动率. 在金融中, 我们常用其刻画随时间连续变化的资产价格过程.

例 3.2.17 $W(t), t \geqslant 0$ 是布朗运动, $X(t), t \geqslant 0$ 是时间变量的非随机函数, 证明: 对任意的 t, $I(t) = \int_0^t X(s)dW(s)$ 是期望为 0、方差为 $\int_0^t X^2(s)ds$ 的正态随机变量.

证明 只需证明 $I(t) = \int_0^t X(s)dW(s)$ 的矩母函数满足

$$\mathrm{E}[\mathrm{e}^{uI(t)}] = \mathrm{e}^{\frac{1}{2}u^2 \int_0^t X^2(s)ds},$$

由于 $X(t)$ 非随机, 上式等价于

$$\mathrm{E}[e^{u\int_0^t X(s)dW(s)-\frac{1}{2}u^2\int_0^t X^2(s)ds}] = 1,$$

令

$$S(t) = e^{u\int_0^t X(s)dW(s)-\frac{1}{2}u^2\int_0^t X^2(s)ds},$$

由伊藤公式可得

$$dS(t) = uX(t)S(t)dW(t),$$

故 $S(t)$ 是鞅, 由此可得

$$\mathrm{E}\left[e^{u\int_0^t X(s)dW(s)-\frac{1}{2}u^2\int_0^t X^2(s)ds}\right] = \mathrm{E}[S(t)] = S(0) = 1. \qquad \square$$

注 3.2.18　当 $X(t)$ 为随机过程时, 以上结论不成立, 例如

$$\int_0^t W(u)dW(u) = \frac{1}{2}W^2(t) - \frac{1}{2}t$$

就不是正态随机变量.

定理 3.2.19　$f(t,x)$ 是定义在 $\mathbb{R}^2$ 上的二元函数, 且具有连续的二阶偏导数, $X(t), t \geqslant 0$ 是满足如下微分形式的伊藤过程:

$$dX(t) = \Delta(t)dW(t) + \Theta(t)dt,$$

则

$$f(t,X(t)) = f(0,X(0)) + \int_0^t f_t(u,X(u))du + \int_0^t f_x(u,X(u))dX(u)$$
$$+ \frac{1}{2}\int_0^t f_{xx}(u,X(u))dX(u)dX(u).$$

证明　证明类似于定理 3.2.6, 略.　$\square$

注 3.2.20　伊藤公式的微分形式记为

$$df(t,X(t)) = f_t(t,X(t))dt + f_x(t,X(t))dX(t) + \frac{1}{2}f_{xx}(t,X(t))dX(t)dX(t).$$

类似于布朗运动的伊藤公式, 以上微分形式可根据二元函数的泰勒公式, 先将 $f(t,X(t))$ 的微分表示为

$$df(t,X(t)) = f_t(t,X(t))dt + f_x(t,X(t))dX(t) + \frac{1}{2}f_{xx}(t,X(t))dX(t)dX(t)$$
$$+ f_{xt}(t,X(t))dX(t)dt + \frac{1}{2}f_{tt}(t,X(t))dtdt,$$

代入 $dX(t) = \Delta(t)dW(t) + \Theta(t)dt$, 借助微分运算法则得到.

关于布朗运动的伊藤公式即 $X(t) = W(t)$ 时的特殊情形.

3.2.3 多维布朗运动

定义 3.8 (Ω, F, P) 是概率空间, 若随机向量 $W(t) = (W_1(t), \cdots, W_n(t))$ 满足

1. 每个 $W_i(t), i = 1, 2, \cdots n$ 是一维布朗运动;

2. 如果 $i \neq j$, 则 $W_i(t)$ 与 $W_j(t)$ 相互独立.

则称 $W(t)$ 是定义在概率空间 (Ω, F, P) 上的 n 维布朗运动.

在讨论与多维布朗运动相关的条件期望时, 选取的域流 $\mathcal{F}(t)$ 由多维布朗运动截至时刻 t 的信息生成. 同一维情形一样, $\mathcal{F}(t)$ 满足以下性质.

定义 3.9 若 $\mathcal{F}(t), t \geqslant 0$ 是由 n 维布朗运动 $W(t)$ 生成的域流, 则

1. (信息积累) 对任意的 $0 \leqslant s < t$, 有 $\mathcal{F}(s) \subseteq \mathcal{F}(t)$;

2. (可测性) 对任意的 $t \geqslant 0$, 随机向量 $W(t)$ 为 $\mathcal{F}(t)$ 可测;

3. (未来增量的独立性) 对任意的 $0 \leqslant t < u$, 增量 $W(u) - W(t)$ 独立于 $\mathcal{F}(t)$.

多维布朗运动的各个分量均为一维布朗运动, 故满足布朗运动的各种性质, 各分量之间的交互变差满足如下性质.

定理 3.2.21 $W(t) = (W_1(t), \cdots, W_n(t))$ 是 n 维布朗运动, 对任意的 $t \geqslant 0$, $i, j = 1, 2, \cdots, n$ 且 $i \neq j$, 交互变差 $[W_i, W_j](t) = 0$ 几乎必然成立.

证明 只需证明相应于划分 $0 = t_0 < t_1 < t_2 < \cdots < t_n = t$ 的样本交互变差

$$C_n = \sum_{k=0}^{n-1} (W_i(t_{k+1}) - W_i(t_k))(W_j(t_{k+1}) - W_j(t_k))$$

在 $\lambda = \max\limits_{0 \leqslant i \leqslant n-1} |t_{i+1} - t_i| \to 0$ 时均方收敛到 0, 选取合适的子列即得 $[W_i, W_j](t) = 0$ 几乎必然成立. 证明过程类似于布朗运动的二次变差, 略. □

注 3.2.22 多维布朗运动不同分量的交互变差 $[W_i, W_j](t) = 0$, 记为

$$[W_i, W_j](t) = \lim_{\lambda \to 0} \sum_{k=0}^{n-1} (W_i(t_{k+1}) - W_i(t_k))(W_j(t_{k+1}) - W_j(t_k))$$

$$= \int_0^t dW_i(u)dW_j(u) = 0,$$

用微分形式表示为

$$dW_i(t)dW_j(t) = 0.$$

上式的理解类似于布朗运动二次变差的微分形式, 在任意小区间上, 布朗运动增量微元的乘积 $dW_i(t)dW_j(t)$ 为随机变量, 但在积分的意义下为零.

多维布朗运动不同分量的交互变差为零, 直接导致以下结果, 即关于不同分量的伊藤积分的交互变差也为零.

定理 3.2.23 $W(t)$ 是多维布朗运动,

$$I(t) = \int_0^t \Delta_i(u)dW_i(u), \quad J(t) = \int_0^t \Delta_j(u)dW_j(u)$$

是关于 $W(t)$ 不同分量的伊藤积分, 其中 $\Delta_i(t), \Delta_j(t)$ 均为适应随机过程, 则交互变差 $[I, J](t) = 0$.

注 3.2.24 关于布朗运动不同分量的伊藤积分, 其交互变差用微分形式记为

$$dI(t)dJ(t) = \Delta_i(t)\Delta_j(t)dW_i(t)dW_j(t) = 0.$$

3.2.4 多个过程的伊藤公式

类似于单个伊藤过程的情形, 利用多元函数的泰勒公式可以得到多个伊藤过程的伊藤公式. 以下定理给出了关于两个伊藤过程的伊藤公式, 定理的结果可以直接推广到依赖于多维布朗运动的多个伊藤过程的情形.

定理 3.2.25 $f(t, x, y)$ 是定义在 $\mathbb{R}^3$ 上的三元函数, 有连续的二阶偏导数, $X(t), Y(t)$ 是适应的伊藤过程, 则

$$f(t, X(t), Y(t))$$

$$= f(0, X(0), Y(0)) + \int_0^t f_t(u, X(u), Y(u))du + \int_0^t f_x(u, X(u), Y(u))dX(u)$$

$$+ \int_0^t f_y(u, X(u), Y(u))dY(u) + \frac{1}{2}\int_0^t f_{xx}(u, X(u), Y(u))dX(u)dX(u)$$

$$+ \int_0^t f_{xy}(u, X(u), Y(u))dX(u)dY(u)$$

$$+ \frac{1}{2}\int_0^t f_{yy}(u, X(u), Y(u))dY(u)dY(u).$$

定理用微分形式表示为

$$df(t, X(t), Y(t)) = f_t(t, X(t), Y(t))dt + f_x(t, X(t), Y(t))dX(t)$$

$$+ f_y(t, X(t), Y(t))dY(t) + \frac{1}{2}f_{xx}(t, X(t), Y(t))dX(t)dX(t)$$

$$+ f_{xy}(t, X(t), Y(t))dX(t)dY(t)$$

$$+ \frac{1}{2} f_{yy}(t, X(t), Y(t)) dY(t) dY(t).$$

上式是伊藤公式的一般形式, 代入伊藤过程 $X(t), Y(t)$ 微分的具体表达式, 利用微分的运算法则即可得到最终的表达式. 例如, 令 $X(t), Y(t), t \geqslant 0$ 是如下定义的由二维布朗运动驱动的两个伊藤过程:

$$X(t) = X(0) + \int_0^t \Delta_{11}(u) dW_1(u) + \int_0^t \Delta_{12}(u) dW_2(u) + \int_0^t \Theta_1(u) du,$$

$$Y(t) = Y(0) + \int_0^t \Delta_{21}(u) dW_1(u) + \int_0^t \Delta_{22}(u) dW_2(u) + \int_0^t \Theta_2(u) du,$$

其中各个被积函数 Θ_i, Δ_{ij} 都是适应的随机过程, 将伊藤过程用微分记号表示为

$$dX(t) = \Delta_{11}(t) dW_1(t) + \Delta_{12}(t) dW_2(t) + \Theta_1(t) dt,$$

$$dY(t) = \Delta_{21}(t) dW_1(t) + \Delta_{22}(t) dW_2(t) + \Theta_2(t) dt,$$

则其二次变差和交互变差可表示为

$$dX(t) dX(t) = (\Delta_{11}^2(t) + \Delta_{12}^2(t)) dt,$$

$$dY(t) dY(t) = (\Delta_{21}^2(t) + \Delta_{22}^2(t)) dt,$$

$$dX(t) dY(t) = (\Delta_{11}(t) \Delta_{21}(t) + \Delta_{12}(t) \Delta_{22}(t)) dt.$$

全部代入即可得到最终表达式.

性质 3.2.26 *(伊藤乘积法则)* $X(t), Y(t)$ 为伊藤过程, 则

$$d(X(t) Y(t)) = X(t) dY(t) + Y(t) dX(t) + dX(t) dY(t),$$

证明 令 $f(t, x, y) = xy$, 则 $f_t = 0, f_x = y, f_y = x, f_{xx} = f_{yy} = 0, f_{xy} = 1$, 由伊藤公式得

$$d(X(t) Y(t)) = df(t, X(t), Y(t)) = X(t) dY(t) + Y(t) dX(t) + dX(t) dY(t). \quad \Box$$

由伊藤乘积法则, 两端积分即可得到关于伊藤过程的分部积分公式.

推论 3.2.27 *(分部积分公式)* $X(t), Y(t)$ 为伊藤过程, 则

$$\int_0^t X(u) dY(u) = (X(u) Y(u))\Big|_0^t - \int_0^t Y(u) dX(u) - [X, Y](t).$$

例 3.2.28 伊藤过程 $X(t), Y(t)$ 是适应于域流 $\mathcal{F}(t)$ 的鞅, 令 $M(t) = X(t)Y(t)$ $- [X, Y](t)$. 证明: $M(t)$ 也是适应于域流 $\mathcal{F}(t)$ 的鞅.

解 由伊藤乘积法则,

$$dM(t) = X(t)dY(t) + Y(t)dX(t) + dX(t)dY(t) - dX(t)dY(t)$$

$$= X(t)dY(t) + Y(t)dX(t),$$

积分可得

$$M(t) = M(0) + \int_0^t X(u)dY(u) + \int_0^t Y(u)dX(u).$$

由于 $X(t), Y(t)$ 是适应于域流 $\mathcal{F}(t)$ 的鞅, 故 $X(t), Y(t)$ 是适应于域流 $\mathcal{F}(t)$ 的鞅.

3.2.5 布朗运动的莱维鞅刻画

辨别一个随机过程 $M(t)$ 是否为布朗运动, 主要依靠布朗运动的定义. 下面的莱维定理给出了辨别布朗运动的另一种方式.

定理 3.2.29 (莱维定理) (Ω, F, P) 是概率测度空间, $\mathcal{F}(t), t \geqslant 0$ 是域流, 若随机过程 $M(t), t \geqslant 0$ 满足

1. $M(t)$ 具有连续路径且初值 $M(0) = 0$;

2. $M(t)$ 是适应于域流 $\mathcal{F}(t)$ 的鞅;

3. 对任意的 $t \geqslant 0$, 二次变差 $[M, M](t) = t$.

则 $M(t)$ 是布朗运动.

证明 由于 $M(0) = 0$ 且具有连续路径, 只需证明 $M(t)$ 具有独立增量性, 且对任意的 $0 \leqslant s \leqslant t$, 增量 $M(t) - M(s) \sim N(0, t - s)$. 根据定理 1.6.6, 只需证明对任意的 $0 \leqslant s \leqslant t$ 都有

$$\mathrm{E}[\mathrm{e}^{u(M(t) - M(s))}|\mathcal{F}(s)] = \mathrm{e}^{\frac{1}{2}u^2(t - s)}.$$

由于 $M(t)$ 为 $\mathcal{F}(t)$ 可测, 将上式改写为

$$\mathrm{E}[\mathrm{e}^{uM(t) - \frac{1}{2}u^2 t}|\mathcal{F}(s)] = \mathrm{e}^{M(s) - \frac{1}{2}u^2 s},$$

这等价于证明 $Z(t) = \mathrm{e}^{uM(t) - \frac{1}{2}u^2 t}$ 是适应于域流 $\mathcal{F}(t)$ 的鞅.

令 $f(t, x) = \mathrm{e}^{ux - \frac{1}{2}u^2 t}$, 则 $Z(t) = f(t, M(t))$. 代入 $f_t = -\dfrac{1}{2}u^2 f$, $f_x = uf$, $f_{xx} = u^2 f$, 以及 $dM(t)dM(t) = dt$, 由伊藤公式可得

$$dZ(t) = df(t, M(t))$$

$$= f_t dt + f_x dM(t) + \frac{1}{2} f_{xx} dM(t) dM(t)$$

$$= (f_t + \frac{1}{2} f_{xx}) dt + f_x dM(t)$$

$$= u^2 f(t, M(t)) dM(t),$$

两端从 0 到 t 积分可得

$$Z(t) = Z(0) + \int_0^t u^2 f(t, M(s)) dM(s),$$

由于 $M(t)$ 是适应于域流 $\mathcal{F}(t)$ 的鞅, 故 $Z(t)$ 也是适应于域流 $\mathcal{F}(t)$ 的鞅. □

例 3.2.30 $W(t), t \geqslant 0$ 是布朗运动, 令

$$X(t) = \int_0^t \mathrm{sgn}(W(u)) dW(u),$$

其中 $\mathrm{sgn}(x)$ 是符号函数. 证明 $X(t)$ 为布朗运动.

证明 显然伊藤积分 $X(t)$ 是鞅, 具有连续路径且初值 $X(0) = 0$, 又 $X(t)$ 的二次变差满足

$$dX(t) dX(t) = (\mathrm{sgn}(W(t)))^2 dt = dt.$$

由莱维定理知 $X(t)$ 为布朗运动. □

对于多维随机过程, 也有类似的结论, 以二维情形为例, 根据二维的伊藤公式, 我们有以下二维情形的莱维定理.

定理 3.2.31 (Ω, F, P) 是概率空间, $\mathcal{F}(t), t \geqslant 0$ 是域流, 若随机过程 $M_1(t)$, $M_2(t), t \geqslant 0$ 满足

1. $M_i(t)$ 具有连续路径且初值 $M_i(0) = 0$, $i = 1, 2$;

2. $M_i(t)$ 是适应于域流 $\mathcal{F}(t)$ 的鞅, $i = 1, 2$;

3. 对任意的 $t \geqslant 0$, 二次变差 $[M_i, M_i](t) = t$, $i = 1, 2$, 以及 $[M_1, M_2](t) = 0$.

则 $M_1(t)$ 和 $M_2(t)$ 是相互独立的布朗运动.

证明 根据一维情形的莱维定理可知, $M_1(t)$ 和 $M_2(t)$ 均为布朗运动, 只需再证明 $M_1(t)$ 和 $M_2(t)$ 独立.

下面通过证明 $M_1(t)$ 和 $M_2(t)$ 的联合矩母函数等于各自矩母函数的乘积, 即

$$\mathrm{E}[e^{u_1 M_1(t) + u_2 M_2(t)}] = \mathrm{E}[e^{u_1 M_1(t)}] \cdot \mathrm{E}[e^{u_2 M_2(t)}],$$

来得到 $M_1(t)$ 与 $M_2(t)$ 独立. 由于 $M_1(t), M_2(t) \sim N(0, t)$, 有

$$\mathrm{E}[\mathrm{e}^{u_1 M_1(t)}] = \mathrm{e}^{\frac{1}{2}u_1^2 t}, \quad \mathrm{E}[\mathrm{e}^{u_2 M_2(t)}] = \mathrm{e}^{\frac{1}{2}u_2^2 t},$$

这等价于证明

$$\mathrm{E}[\mathrm{e}^{u_1 M_1(t) + u_2 M_2(t) - \frac{1}{2}(u_1^2 + u_2^2)t}] = 1.$$

取 $f(t, x, y) = \mathrm{e}^{u_1 x + u_2 y - \frac{1}{2}(u_1^2 + u_2^2)t}$, 则 $f(t, x, y)$ 具有连续的二阶偏导数, 又

$$dM_1(t)dM_1(t) = dt, \quad dM_2(t)dM_2(t) = dt, \quad dM_1(t)dM_2(t) = 0.$$

由伊藤公式可得

$$\begin{aligned}
df(t, M_1(t), M_2(t)) =& f_t dt + f_x dM_1(t) + f_y dM_2(t) + \frac{1}{2}f_{xx}dM_1(t)dM_1(t) \\
& + f_{xy}dM_1(t)dM_2(t) + \frac{1}{2}f_{yy}dM_2(t)dM_2(t) \\
=& \left(f_t + \frac{1}{2}f_{xx} + \frac{1}{2}f_{yy}\right)dt + f_x dM_1(t) + f_y dM_2(t),
\end{aligned}$$

由于 $f_t = -\frac{1}{2}(u_1^2 + u_2^2)f$, $f_x = u_1 f$, $f_y = u_2 f$, $f_{xx} = u_1^2 f$, $f_{yy} = u_2^2 f$, 故

$$f_t + \frac{1}{2}f_{xx} + \frac{1}{2}f_{yy} = 0,$$

于是有

$$df(t, M_1(t), M_2(t)) = f_x dM_1(t) + f_y dM_2(t),$$

两端从 0 到 t 积分可得

$$f(t, M_1(t), M_2(t)) = f(0, M_1(0), M_2(0)) + \int_0^t f_x dM_1(u) + \int_0^t f_y dM_2(u),$$

由于 $M_1(t), M_2(t)$ 是适应于域流 $\mathcal{F}(t)$ 的鞅, 故伊藤积分 $I(t) = \displaystyle\int_0^t f_x dM_1(u)$ 和 $J(t) = \displaystyle\int_0^t f_y dM_2(u)$ 也是适应于域流 $\mathcal{F}(t)$ 的鞅, 由此可得

$$\mathrm{E}[I(t)] = I(0) = 0, \quad \mathrm{E}[J(t)] = J(0) = 0,$$

又 $f(0, M_1(0), M_2(0)) = 1$, 可得

$$\mathrm{E}[f(t, M_1(t), M_2(t))] = 1,$$

即

$$\mathrm{E}[\mathrm{e}^{u_1 M_1(t) + u_2 M_2(t) - \frac{1}{2}(u_1^2 + u_2^2)t}] = 1,$$

故 $M_1(t)$ 与 $M_2(t)$ 独立.   □

3.3 随机微分方程与偏微分方程

3.3.1 随机微分方程的定义

定义 3.10 $W(t)$, $t \geqslant 0$ 是布朗运动, 关于未知的随机过程 $X(t)$ 的如下方程

$$dX(t) = \mu(X(t), t)dt + \sigma(X(t), t)dW(t) \tag{3.1}$$

称为由布朗运动 $W(t)$ 驱动的随机微分方程. 其中系数 $\mu(x, t)$ 和 $\sigma(x, t)$ 是已知的二元函数, 分别称为方程的漂移和扩散.

定义 3.11 $W(t)$, $t \geqslant 0$ 是布朗运动, 随机过程 $X(t)$ 满足随机微分方程

$$dX(t) = \mu(X(t), t)dt + \sigma(X(t), t)dW(t),$$

若对任意的 $t \geqslant 0$, 积分 $\displaystyle\int_0^t \mu(X(u), u)du$ 和 $\displaystyle\int_0^t \sigma(X(u), u)dW(u)$ 都存在, 则称

$$X(t) = X(0) + \int_0^t \mu(X(u), u)du + \int_0^t \sigma(X(u), u)dW(u) \tag{3.2}$$

是所给随机微分方程的强解.

记布朗运动 $W(t)$ 生成的域流为 $\mathcal{F}(t)$, 在时刻 t, $X(t)$ 仅依赖于初始值 $X(0)$ 以及布朗运动 $W(t)$ 截至时刻 t 之前的路径, 故 $X(t)$ 是关于 $X(0)$, t 以及布朗运动 $W(s)$, $0 \leqslant s \leqslant t$ 的函数, 将其记为

$$X(t) = F\left(X(0), t, (W(s), 0 \leqslant s \leqslant t)\right),$$

因此 $X(t)$ 是 $\mathcal{F}(t)$ 可测的.

强解 (3.2) 中由于等式右端含有待求解的随机过程 $X(t)$, 因此并未给出 $X(t)$ 的显式解. 实际上大多数的随机微分方程都无法求出显式解. 下面的定理给出了方程 (3.1) 的强解的存在唯一性的一个充分条件.

定理 3.3.1 设 $T > 0$, 二元函数 $\mu(x, t)$ 和 $\sigma(x, t)$ 连续, 且满足

1. (利普希茨条件) 存在常数 L, 使得

$$|\mu(x, t) - \mu(y, t)| + |\sigma(x, t) - \sigma(y, t)| \leqslant L|x - y|, \quad x, y \in R, \ t \in [0, T];$$

2. (线性增长条件) 存在常数 K, 使得

$$|\mu(x, t)| + |\sigma(x, t)| \leqslant K(1 + |x|), \quad x \in R, \ t \in [0, T];$$

若随机变量 $X(0)$ 满足 $\mathrm{E}[X^2(0)] < \infty$, 且独立于 $(W(t), 0 \leqslant t \leqslant T)$, 则随机微分方程 (3.1) 存在初值为 $X(0)$ 的唯一的强解 $X(t)$, 且 $X(t)$ 连续, 适应于布朗运动 $W(t)$ 生成的域流 $\mathcal{F}(t)$, 以及

$$\mathrm{E}\Big[\int_0^T X^2(t)dt\Big] < \infty.$$

证明   定理证明参见文献 [8].   □

3.3.2   一维线性随机微分方程

形如

$$dX(t) = (\alpha(t) + \beta(t)X(t))dt + (\gamma(t) + \sigma(t)X(t))dW(t)$$

的随机微分方程称为**一维线性随机微分方程**, 其中 $\alpha(t)$, $\beta(t)$, $\gamma(t)$, $\sigma(t)$ 都是非随机的函数. 一维线性随机微分方程有显式解.

例 3.3.2 $X(t)$ 满足随机微分方程 $dX(t) = a(t)dt + b(t)dW(t)$, 其中 $a(t)$, $b(t)$ 为非随机的函数, 直接积分可得到方程的解为

$$X(t) = X(0) + \int_0^t a(u)du + \int_0^t b(u)dW(u).$$

例 3.3.3   求解随机微分方程 $dX(t) = \mu(t)X(t)dt + \sigma(t)X(t)dW(t)$, 其中 $\mu(t), \sigma(t)$ 为非随机的函数.

解   令 $f(x) = \ln x$, 则 $f'(x) = \dfrac{1}{x}, f''(x) = -\dfrac{1}{x^2}$. 由伊藤公式可得

$$\begin{aligned}
d(\ln X(t)) &= \frac{1}{X(t)}dX(t) + \frac{1}{2}\Big(-\frac{1}{X^2(t)}\Big)dX(t)dX(t) \\
&= \frac{1}{X(t)}(\mu(t)X(t)dt + \sigma(t)X(t)dW(t)) + \frac{1}{2}\Big(-\frac{1}{X^2(t)}\Big)\sigma^2(t)X^2(t)dt \\
&= \Big(\mu(t) - \frac{1}{2}\sigma^2(t)\Big)dt + \sigma(t)dW(t),
\end{aligned}$$

两端从 0 到 t 积分可得

$$\ln X(t) = \ln X(0) + \int_0^t \Big(\mu(u) - \frac{1}{2}\sigma^2(u)\Big)du + \int_0^t \sigma(u)dW(u),$$

即

$$X(t) = X(0)\mathrm{e}^{\int_0^t(\mu(u) - \frac{1}{2}\sigma^2(u))du + \int_0^t \sigma(u)dW(u)}.$$

例 3.3.4 求解随机微分方程 $dX(t) = -\alpha X(t)dt + \sigma dW(t)$, 其中 α, σ 为常数.

解 令 $f(x,t) = \mathrm{e}^{\alpha t}x$, 则 $f_x(x,t) = \mathrm{e}^{\alpha t}$, $f_t(x,t) = \alpha \mathrm{e}^{\alpha t}x$, $f_{xx}(x,t) = 0$. 由伊藤公式可得

$$d(\mathrm{e}^{\alpha t}X(t)) = f_x(X(t),t)dX(t) + f_t(X(t),t)dt + f_{xx}(X(t),t)dX(t)dX(t)$$

$$= \mathrm{e}^{\alpha t}dX(t) + \alpha \mathrm{e}^{\alpha t}X(t)dt$$

$$= \mathrm{e}^{\alpha t}(-\alpha X(t)dt + \sigma dW(t)) + \alpha \mathrm{e}^{\alpha t}X(t)dt$$

$$= \sigma \mathrm{e}^{\alpha t}dW(t),$$

两端从 0 到 t 积分可得

$$\mathrm{e}^{\alpha t}X(t) = X(0) + \int_0^t \sigma \mathrm{e}^{\alpha u}dW(u),$$

于是

$$X(t) = \mathrm{e}^{-\alpha t}\Big(X(0) + \int_0^t \sigma \mathrm{e}^{\alpha u}dW(u)\Big).$$

从以上例子可以看出, 在求解随机微分方程时, 伊藤公式是很有用的工具.

例 3.3.5 求解一维线性随机微分方程

$$dX(t) = (\alpha(t) + \beta(t)X(t))dt + (\gamma(t) + \sigma(t)X(t))dW(t).$$

解 令随机过程 $U(t)$, $V(t)$ 满足如下随机微分方程

$$dU(t) = \beta(t)U(t)dt + \sigma(t)U(t)dW(t),$$

$$dV(t) = a(t)dt + b(t)dW(t),$$

其中 $a(t)$, $b(t)$ 是待定系数. 由例 3.3.3, 可得

$$U(t) = U(0)\mathrm{e}^{\int_0^t (\beta(u) - \frac{1}{2}\sigma^2(u))du + \int_0^t \sigma(u)dW(u)}.$$

令 $X(t) = U(t)V(t)$, 则

$$dX(t) = U(t)dV(t) + V(t)dU(t) + dU(t)dV(t)$$

$$= U(t)(a(t)dt + b(t)dW(t)) + V(t)(\beta(t)U(t)dt + \sigma(t)U(t)dW(t))$$

$$\quad + \sigma(t)U(t)b(t)dt$$

$$= (U(t)a(t) + \sigma(t)U(t)b(t) + \beta(t)X(t))dt + (b(t)U(t) + \sigma(t)X(t))dW(t),$$

比较上式与原式中 dt, $dW(t)$ 项系数有

$$U(t)a(t) + \sigma(t)U(t)b(t) = \alpha(t), b(t)U(t) = \gamma(t),$$

解得

$$b(t) = \frac{\gamma(t)}{U(t)}, a(t) = \frac{\alpha(t) - \sigma(t)\gamma(t)}{U(t)},$$

故所求一维线性随机微分方程的解为

$$X(t) = U(t)\Big(V(0) + \int_0^t \frac{\alpha(s) - \sigma(s)\gamma(s)}{U(s)} ds + \int_0^t \frac{\gamma(s)}{U(s)} dW(s)\Big),$$

其中

$$U(t) = U(0)\mathrm{e}^{\int_0^t (\beta(u) - \frac{1}{2}\sigma^2(u))du + \int_0^t \sigma(u)dW(u)}.$$

给定初始值 $U(0)$ 和 $V(0)$, 代入即可得到 $X(t)$ 的表达式.

3.3.3　马尔可夫性质

$X(t)$ 满足随机微分方程

$$dX(t) = \mu(X(t), t)dt + \sigma(X(t), t)dW(t),$$

如果 $\mu(X(t), t)$ 和 $\sigma(X(t), t)$ 的随机性仅来自于随机过程 $X(t)$, 则对任意的时刻 s, 随机过程 $X(t)$ 在时刻 s 之后的增量只与时刻 s 的值 $X(s)$ 以及布朗运动 $W(t)$ 在时刻 s 之后的路径有关, 而与 $X(t)$ 在时刻 s 之前的状态无关, 这正是马尔可夫过程所具有的性质, 我们不加证明地给出以下结论.

定理 3.3.6　$X(t)$, $t \geqslant 0$ 是随机微分方程

$$dX(t) = \mu(X(t), t)dt + \sigma(X(t), t)dW(t)$$

的解, 则 $X(t)$ 是马尔可夫过程.

如果 $\mu(X(t), t)$ 和 $\sigma(X(t), t)$ 的随机性不仅仅来自于 $X(t)$, 则马尔可夫性质不一定满足. 比如一维线性随机微分方程

$$dX(t) = (\alpha(t) + \beta(t)X(t))dt + (\gamma(t) + \sigma(t)X(t))dW(t)$$

中的系数 $\alpha(t)$, $\beta(t)$, $\gamma(t)$, $\sigma(t)$ 为适应的随机过程时, 方程已不再是本节开始所定义的随机微分方程, 其显式解也不再是马尔可夫过程.

3.3.4 随机微分方程与偏微分方程的联系

前面介绍了随机微分方程的定义和性质, 借助伊藤公式, 可以得到随机微分方程和偏微分方程的联系.

$X(t)$ 满足随机微分方程

$$dX(t) = \mu(X(t),t)dt + \sigma(X(t),t)dW(t),$$

其中 $\mu(x,t)$ 和 $\sigma(x,t)$ 是已知的二元函数. 若 $f(x,t)$ 具有连续的二阶偏导数, 由伊藤公式可得

$$df(X(t),t) = f_x dX(t) + f_t dt + \frac{1}{2}f_{xx}dX(t)dX(t)$$

$$= f_x[\mu(X(t),t)dt + \sigma(X(t),t)dW(t)] + f_t dt + \frac{1}{2}f_{xx}\sigma^2(X(t),t)dt$$

$$= \left[\mu(X(t),t)f_x + \frac{1}{2}\sigma^2(X(t),t)f_{xx} + f_t\right]dt + \sigma(X(t),t)f_x dW(t),$$

记 $\mathcal{L}$ 为如下的二阶偏微分算子

$$\mathcal{L}f(x,t) = \mu(x,t)f_x(x,t) + \frac{1}{2}\sigma^2(x,t)f_{xx}(x,t), \tag{3.3}$$

则

$$df(X(t),t) = (\mathcal{L}f(X(t),t) + f_t(X(t),t))dt + \sigma(X(t),t)f_x(X(t),t)dW(t).$$

定理 3.3.7 $X(t)$, $t \geqslant 0$ 是随机微分方程

$$dX(t) = \mu(X(t),t)dt + \sigma(X(t),t)dW(t)$$

的解, $f(x,t)$ 具有连续的二阶偏导数, 若

$$\mathrm{E}\left[\int_0^t (\sigma(X(u),u)f_x(X(u),u))^2 du\right] < \infty,$$

则随机过程

$$M(t) = f(X(t),t) - \int_0^t (\mathcal{L}f(X(u),u) + f_u(X(u),u))du$$

是鞅.

证明　由

$$dM(t) = df(X(t), t) - (\mathcal{L}f(X(t), t) + f_t(X(t), t))dt$$
$$= \sigma(X(t), t)f_x(X(t), t)dW(t),$$

可得

$$M(t) = M(0) + \int_0^t (\sigma(X(u), u)f_x(X(u), u))dW(u),$$

又

$$\mathrm{E}\left[\int_0^t (\sigma(X(u), u)f_x(X(u), u))^2 du\right] < \infty,$$

故伊藤积分 $M(t)$ 是鞅.　　　　　　　　　　　　　　　　　　　　　　□

根据以上结果可以立即得到以下推论.

推论 3.3.8　$X(t)$, $t \geqslant 0$ 是随机微分方程

$$dX(t) = \mu(X(t), t)dt + \sigma(X(t), t)dW(t)$$

的解, $f(x, t)$ 具有连续的二阶偏导数, 且满足偏微分方程

$$\mathcal{L}f(x, t) + f_t(x, t) = 0,$$

若

$$\mathrm{E}\left[\int_0^t (\sigma(X(u), u)f_x(X(u), u))^2 du\right] < \infty,$$

则随机过程 $f(X(t), t)$ 是鞅.

推论 3.3.9　(邓金公式) $X(t)$, $t \geqslant 0$ 是随机微分方程

$$dX(t) = \mu(X(t), t)dt + \sigma(X(t), t)dW(t)$$

的解, $f(x, t)$ 具有连续的二阶偏导数, 且

$$\mathrm{E}\left[\int_0^t (\sigma(X(u), u)f_x(X(u), u))^2 du\right] < \infty,$$

则

$$\mathrm{E}[f(X(t), t)] = f(X(0), 0) + \mathrm{E}\left[\int_0^t (\mathcal{L}f(X(u), u) + f_u(X(u), u))du\right].$$

例 3.3.10 令 $X(t) = \int_0^t u dW(u)$, 证明: $X(t) \sim N\left(0, \dfrac{t^3}{3}\right)$.

证明 我们通过求解 $X(t)$ 的矩母函数来确定其分布.

由 $dX(t) = t dW(t)$, 可得 $X(t)$ 满足 $\mu(x,t) = 0$ 和 $\sigma(x,t) = t$ 的随机微分方程. 令 $f(x,t) = \mathrm{e}^{ux}$, 由 $f_x(x,t) = u\mathrm{e}^{ux}, f_{xx}(x,t) = u^2\mathrm{e}^{ux}, f_t(x,t) = 0$, 有

$$\mathcal{L}f(x,t) = \mu(x,t)f_x(x,t) + \frac{1}{2}\sigma^2(x,t)f_{xx}(x,t) = \frac{1}{2}t^2 u^2 \mathrm{e}^{ux},$$

由邓金公式可得

$$\mathrm{E}[\mathrm{e}^{uX(t)}] = \mathrm{E}[f(X(t),t)] = 1 + \frac{1}{2}u^2 \int_0^t s^2 \mathrm{E}[\mathrm{e}^{uX(s)}]ds.$$

令 $\varphi(t) = \mathrm{E}[\mathrm{e}^{uX(t)}]$, 则上式可改写为

$$\varphi(t) = 1 + \frac{1}{2}u^2 \int_0^t s^2 \varphi(s)ds,$$

两边对 t 求导可得

$$\varphi'(t) = \frac{1}{2}u^2 t^2 \varphi(t),$$

直接分离变量求解此常微分方程, 并由 $\varphi(0) = 1$ 可得

$$\varphi(t) = \mathrm{e}^{\frac{1}{2}u^2 \frac{t^3}{3}},$$

故 $X(t) \sim N\left(0, \dfrac{t^3}{3}\right)$. $\square$

注3.3.11 由于 $X(t) = \int_0^t u dW(u)$ 是非随机函数的伊藤积分, 根据例 3.2.17 也可得到 $X(t)$ 服从期望为 0, 方差为 $\int_0^t u^2 du$ 的正态分布, 即 $X(t) \sim N\left(0, \dfrac{t^3}{3}\right)$.

若推论 3.3.8 中的偏微分方程

$$\mathcal{L}f(x,t) + f_t(x,t) = 0, \quad 0 \leqslant t \leqslant T,$$

满足终值条件 $f(x,T) = g(x)$, 则称其为**柯尔莫哥洛夫倒向方程** (简称为倒向方程). 由推论 3.3.8, 以及 $X(t)$ 的马尔可夫性, 下面定理给出了求解上述倒向方程的概率方法.

定理 3.3.12　$X(t)$, $t \geqslant 0$ 是随机微分方程

$$dX(t) = \mu(X(t),t)dt + \sigma(X(t),t)dW(t)$$

的解, $f(x,t)$ 具有连续的二阶偏导数, 且满足偏微分方程

$$\mathcal{L}f(x,t) + f_t(x,t) = 0,$$

令 $f(x,T) = g(x)$, 且

$$\mathrm{E}\left[\int_0^t (\sigma(X(u),u)f_x(X(u),u))^2 du\right] < \infty,$$

则

$$f(x,t) = \mathrm{E}[g(X(T))|X(t) = x].$$

　　证明　由于 $\mathcal{L}f(x,t) + f_t(x,t) = 0$, 根据推论 3.3.8 知 $f(X(t),t)$ 是鞅, 故

$$\mathrm{E}[f(X(T),T)|\mathcal{F}(t)] = f(X(t),t).$$

又 $f(x,T) = g(x)$, 于是 $f(X(T),T) = g(X(T))$, 即

$$\mathrm{E}[g(X(T))|\mathcal{F}(t)] = f(X(t),t).$$

由于随机微分方程的解 $X(t)$ 是马尔可夫过程, 故

$$\mathrm{E}[g(X(T))|\mathcal{F}(t)] = \mathrm{E}[g(X(T))|X(t)].$$

于是

$$f(X(t),t) = \mathrm{E}[g(X(T))|X(t)],$$

由此可得

$$f(x,t) = \mathrm{E}[g(X(T))|X(t) = x]. \qquad \square$$

　　例 3.3.13　$f(x,t)$ 满足方程

$$\frac{1}{2}f_{xx}(x,t) + f_t(x,t) = 0, \quad 0 \leqslant t \leqslant T,$$

以及终值条件 $f(x,T) = x^2$. 求解 $f(x,t)$.

解 $f(x,t)$ 满足 $\mu(x,t) = 0$, $\sigma(x,t) = 1$ 的倒向方程以及终值条件 $f(x,T) = x^2$. 令 $X(t)$ 是满足 $\mu(x,t) = 0$, $\sigma(x,t) = 1$ 的随机微分方程

$$dX(t) = dW(t)$$

的解, 则有 $X(t) = W(t)$. 令 $g(x) = f(x,T) = x^2$, 由定理 3.3.12 可得

$$f(x,t) = \mathrm{E}[X^2(T)|X(t) = x].$$

代入 $X(t) = W(t)$ 有

$$
\begin{aligned}
f(x,t) &= \mathrm{E}[W^2(T)|W(t) = x] \\
&= \mathrm{E}[(W(T) - W(t) + W(t))^2|W(t) = x] \\
&= \mathrm{E}[W(t)^2 + 2W(t)(W(T) - W(t)) + (W(T) - W(t))^2|W(t) = x] \\
&= x^2 + T - t,
\end{aligned}
$$

即 $f(x,t)$ 满足偏微分方程及终值条件的解为

$$f(x,t) = x^2 + T - t.$$

下面我们介绍费曼–卡茨定理 (公式), 该结论是定理 3.3.12的推广, 其在期权定价等金融问题中有重要的应用.

定理 3.3.14 (费曼–卡茨定理 (公式)) $X(t)$, $t \geqslant 0$ 是随机微分方程

$$dX(t) = \mu(X(t),t)dt + \sigma(X(t),t)dW(t)$$

的解, $f(x,t)$ 对 x 连续二阶可导, 且 $f(x,T) = g(x)$ 及满足

$$\mathrm{E}\left[\int_0^t (\sigma(X(u),u)f_x(X(u),u))^2 du\right] < \infty,$$

则 f 的偏微分方程表示

$$\mathcal{L}f(x,t) + f_t(x,t) = r(x,t)f(x,t)$$

与 f 的条件期望表示

$$f(x,t) = \mathrm{E}\left[e^{-\int_t^T r(X(u),u)du} g(X(T))\Big| X(t) = x\right]$$

等价.

证明 我们首先证明由 f 的偏微分方程表示推出条件期望表示. 由伊藤公式可得

$$df(X(t),t) = (\mathcal{L}f(X(t),t) + f_t(X(t),t))dt + f_x(X(t),t)\sigma(X(t),t)dW(t),$$

记 $dM(t) = f_x(X(t),t)\sigma(X(t),t)dW(t)$, 则 $M(t)$ 是鞅, 又 $\mathcal{L}f(x,t) + f_t(x,t) = r(x,t)f(x,t)$, 故

$$df(X(t),t) = r(X(t),t)f(X(t),t)dt + dM(t),$$

于是有

$$d(\mathrm{e}^{-\int_t^s r(X(u),u)du} f(X(s),s))$$
$$=\mathrm{e}^{-\int_t^s r(X(u),u)du}df(X(s),s) - r(X(s),s)\mathrm{e}^{-\int_t^s r(X(u),u)du}f(X(s),s)ds$$
$$=\mathrm{e}^{-\int_t^s r(X(u),u)du}dM(s),$$

上式两端从 t 到 T 积分得

$$\mathrm{e}^{-\int_t^T r(X(u),u)du}f(X(T),T) - f(X(t),t) = \int_t^T \mathrm{e}^{-\int_t^s r(X(u),u)du}dM(s),$$

两端关于 $\mathcal{F}(t)$ 取条件期望, 由于 $M(t)$ 是鞅, 有

$$\mathrm{E}\Big[\int_t^T \mathrm{e}^{-\int_t^s r(X(u),u)du}dM(s)\Big|\mathcal{F}(t)\Big] = 0,$$

又 $f(X(t),t)$ 为 $\mathcal{F}(t)$ 可测, 于是

$$f(X(t),t) = \mathrm{E}\Big[\mathrm{e}^{-\int_t^T r(X(u),u)du}f(X(T),T)\Big|\mathcal{F}(t)\Big],$$

由于 $X(t)$ 是马尔可夫过程且 $f(X(T),T) = g(X(T))$, 故

$$f(x,t) = \mathrm{E}\Big[\mathrm{e}^{-\int_t^T r(X(u),u)du}g(X(T))\Big|X(t) = x\Big].$$

我们再证明由 f 的条件期望表示推出偏微分方程表示. 二元函数 $f(x,t)$ 满足终值条件 $f(x,T) = g(x)$, 以及

$$f(x,t) = \mathrm{E}\Big[\mathrm{e}^{-\int_t^T r(X(u),u)du}g(X(T))\Big|X(t) = x\Big].$$

由于 $X(t)$ 是马尔可夫过程且 $f(X(T), T) = g(X(T))$, 故

$$f(X(t), t) = \mathrm{E}\left[\mathrm{e}^{-\int_t^T r(X(u), u) du} f(X(T), T) \Big| \mathcal{F}(t) \right].$$

由此可得

$$\mathrm{e}^{-\int_0^t r(X(u), u) du} f(X(t), t) = \mathrm{E}\left[\mathrm{e}^{-\int_0^T r(X(u), u) du} f(X(T), T) \Big| \mathcal{F}(t) \right],$$

即关于随机过程 $X(t)$ 的函数 $\mathrm{e}^{-\int_0^t r(X(u), u) du} f(X(t), t)$ 是鞅. 由伊藤公式求出其微分表达式, 并令其漂移项 dt 的系数为零, 可得 $f(x, t)$ 所满足的偏微分方程

$$\mathcal{L} f(x, t) + f_t(x, t) = r(x, t) f(x, t). \qquad \square$$

注 3.3.15 定理 3.3.14 在金融中也称为带贴现的费曼–卡茨公式, 其中 $r(x, t)$ 称为贴现率 (利率), 在金融衍生品定价中有广泛的应用 (参见 4.2 节欧式期权风险中性定价公式), 若 $X(T)$ 表示原生资产在 T 时刻的价格, $g(X(T))$ 为衍生证券在 T 时刻的支付, 则 $\mathrm{e}^{-\int_t^T r(X(u), u) du} g(X(T))$ 表示贴现支付 (从 T 时刻贴现到 t 时刻), 且衍生证券在 t 时刻的价值 $f(x, t)$ 为原生资产价格 $X(t) = x$ 时贴现支付的条件期望.

3.4 测 度 变 换

3.4.1 一般概率空间的测度变换

X 是定义在可测空间 $(\Omega, \mathcal{F})$ 上的随机变量, 当定义在 $(\Omega, \mathcal{F})$ 上的概率测度发生变化时, 随机变量的分布也会发生变化. 测度变换是处理问题时非常有用的方法, 利用风险中性测度定价衍生证券就是一个实例 (参见 4.2 节欧式期权风险中性定价公式).

我们从有限样本空间开始. 令 $\Omega = \{\omega_k, k = 1, 2, \cdots, n\}$ 是有限样本空间, 定义概率测度 P, 满足 $P(\omega_k) > 0$ 以及 $\sum P(\omega_k) = 1$. 同样地, 定义一个新的概率测度 $\widetilde{P}$, 也满足 $\widetilde{P}(\omega_k) > 0$ 以及 $\sum \widetilde{P}(\omega_k) = 1$.

对于任意的 $\omega \in \Omega$, 由于 $P(\omega), \widetilde{P}(\omega) > 0$, 定义随机变量

$$Z(\omega) = \frac{\widetilde{P}(\omega)}{P(\omega)},$$

则 $Z(\omega) > 0$. 对任意的 $\omega \in \Omega$, $Z(\omega)$ 给出了在测度 P 和 $\widetilde{P}$ 下样本 ω 发生的概率之比, 另一方面, 一旦给定随机变量 Z, 则由 $\widetilde{P}(\omega) = Z(\omega) P(\omega)$, 可从原始的概率测度 P 诱导出新的测度 $\widetilde{P}$. 容易验证, 诱导随机变量 Z 满足以下性质.

性质 3.4.1　Ω 是有限样本空间, 概率测度 P 满足 $P(\omega) > 0, \omega \in \Omega$. Z 为随机变量, 并定义 $\widetilde{P}(\omega) = Z(\omega)P(\omega)$, 若 $\widetilde{P}$ 为概率测度, 且满足 $\widetilde{P}(\omega) > 0, \omega \in \Omega$, 则有 $Z > 0$ 且 $\mathrm{E}[Z] = 1$.

令 X 为随机变量, 在概率测度 $\widetilde{P}$ 下的期望记为 $\widetilde{\mathrm{E}}[X]$, 则有

$$\widetilde{\mathrm{E}}[X] = \sum X(\omega)\widetilde{P}(\omega) = \sum X(\omega)Z(\omega)P(\omega) = \mathrm{E}[XZ].$$

若 Ω 为不可数样本空间, 此时对任意的 $\omega \in \Omega$, 都有 $P(\omega) = 0$, 通过诱导随机变量 Z 对每一个样本进行测度变换已不再有意义, 一般地, 我们仍然沿用刚才的做法, 对可测空间中的每个集合而不是单个样本进行测度变换来得到新的概率测度.

定理 3.4.2　$(\Omega, \mathcal{F}, P)$ 是概率空间, Z 是非负随机变量, 满足 $\mathrm{E}[Z] = 1$. 对任意的 $A \in \mathcal{F}$, 定义

$$\widetilde{P}(A) = \int_A Z(\omega)dP(\omega),$$

则 $\widetilde{P}$ 为概率测度.

证明　只需证明 $\widetilde{P}(\Omega) = 1$ 以及 $\widetilde{P}$ 具有可列可加性. 由于 $\mathrm{E}[Z] = 1$, 有

$$\widetilde{P}(\Omega) = \int_\Omega Z(\omega)dP(\omega) = \mathrm{E}[Z] = 1,$$

令 $A_1, A_2, \cdots, A_n, \cdots$ 是 $\mathcal{F}$ 中一列互不相交的集合, 定义 $B_n = \bigcup\limits_{k=1}^{n} A_k$ 以及 $B_\infty = \bigcup\limits_{k=1}^{\infty} A_k$, 则 $I_{B_n} = \sum\limits_{k=1}^{n} I_{A_k}$ 且 $I_{B_\infty} = \sum\limits_{k=1}^{\infty} I_{A_k}$, 由于

$$I_{B_1} \leqslant I_{B_2} \leqslant I_{B_3} \leqslant \cdots$$

以及 $\lim\limits_{n \to \infty} I_{B_n} = I_{B_\infty}$, 根据单调收敛定理可得

$$\widetilde{P}(B_\infty) = \int_{B_\infty} Z(\omega)dP(\omega) = \int_\Omega I_{B_\infty}(\omega)Z(\omega)dP(\omega) = \lim_{n \to \infty} \int_\Omega I_{B_n}(\omega)Z(\omega)dP(\omega)$$

$$= \lim_{n \to \infty} \left[\sum_{k=1}^{n} \int_\Omega I_{A_k}(\omega)Z(\omega)dP(\omega) \right] = \lim_{n \to \infty} \sum_{k=1}^{n} \widetilde{P}(A_k) = \sum_{k=1}^{\infty} \widetilde{P}(A_k),$$

即

$$\widetilde{P}\Big(\sum_{k=1}^{\infty} I_{A_k} \Big) = \sum_{k=1}^{\infty} \widetilde{P}(A_k),$$

故 $\widetilde{P}$ 为概率测度.　　　　　　　　　　　　　　　　　　　　　　　　　　　□

$\widetilde{P}$ 与 P 之间的变换关系可用微分符号形式表示为 $d\widetilde{P}(\omega) = Z(\omega)dP(\omega)$, 将其改写为

$$Z(\omega) = \frac{d\widetilde{P}(\omega)}{dP(\omega)},$$

作为两个不同概率测度下概率微元之比, 随机变量 Z 也称为由概率测度 P 变换到 $\widetilde{P}$ 的 **拉东–尼科迪姆导数**. 对于有限样本的样本空间, 拉东–尼科迪姆导数 $Z(\omega)$ 退化为测度 P 和 $\widetilde{P}$ 下样本 ω 的概率之比.

例 3.4.3 随机变量 X 在概率测度 P 下具有密度函数 $f(x)$, 满足 $f(x) > 0$, $x \in \mathbb{R}$. $\widetilde{f}(x)$ 是另一密度函数, 同样有 $\widetilde{f}(x) > 0$, $x \in \mathbb{R}$. 令 $Z = \dfrac{\widetilde{f}(X)}{f(X)}$, 证明: 在 Z 诱导的概率测度 $\widetilde{P}$ 下, X 具有密度函数 $\widetilde{f}(x)$.

证明 首先证明 $\mathrm{E}[Z] = 1$. 由期望的定义可得

$$\mathrm{E}[Z] = \int_{\Omega} Z dP = \int_{\Omega} \frac{\widetilde{f}(X)}{f(X)} dP = \int_{R} \frac{\widetilde{f}(x)}{f(x)} \cdot f(x) dx = \int_{R} \widetilde{f}(x) dx = 1.$$

对任意的 $x \in \mathbb{R}$, 有

$$\widetilde{P}(X \leqslant x) = \int_{\{X \leqslant x\}} Z dP = \int_{\{X \leqslant x\}} \frac{\widetilde{f}(X)}{f(X)} dP = \int_{-\infty}^{x} \frac{\widetilde{f}(x)}{f(x)} f(x) dx = \int_{-\infty}^{x} \widetilde{f}(x) dx.$$

故在概率测度 $\widetilde{P}$ 下, X 具有密度函数 $\widetilde{f}(x)$. □

测度变换会改变随机变量的分布, 对于定义在不可数样本空间上的连续型随机变量, 可以看出, 拉东–尼科迪姆导数 Z (当 Z 为 X 可测时) 是随机变量 X 在测度 P 和 $\widetilde{P}$ 下的密度之比.

对于一般的概率测度空间, 随机变量在不同测度下的期望也有以下关系.

定理 3.4.4 X 是定义在 $(\Omega, \mathcal{F})$ 上的随机变量, P 和 $\widetilde{P}$ 是定义在 $(\Omega, \mathcal{F})$ 上的两个概率测度. Z 是由概率测度 P 变换到 $\widetilde{P}$ 的拉东–尼科迪姆导数, 则

$$\widetilde{\mathrm{E}}[X] = \mathrm{E}[ZX],$$

若 Z 几乎必然为正, 则

$$\widetilde{\mathrm{E}}\left[\frac{X}{Z}\right] = \mathrm{E}[X].$$

证明 使用标准程式证明, 略. □

例 3.4.5 X 是概率测度 P 下的标准正态随机变量, 令

$$Z = e^{\mu X - \frac{\mu^2}{2}},$$

并由此定义概率测度 $\widetilde{P}$, 证明: 在概率测度 $\widetilde{P}$ 下, $X \sim N(\mu, 1)$.

证明 X 是概率测度 P 下的标准正态随机变量, 则其矩母函数满足

$$\mathrm{E}[e^{uX}] = e^{\frac{1}{2}u^2},$$

由定理 3.4.4, X 在概率测度 $\widetilde{P}$ 下的矩母函数为

$$\widetilde{\mathrm{E}}[e^{uX}] = \mathrm{E}[Z \cdot e^{uX}] = \mathrm{E}[e^{\mu X - \frac{\mu^2}{2}} \cdot e^{uX}] = e^{-\frac{\mu^2}{2}} \cdot \mathrm{E}[e^{(\mu+u)X}]$$

$$= e^{-\frac{\mu^2}{2}} \cdot e^{\frac{(\mu+u)^2}{2}} = e^{\mu u + \frac{1}{2}u^2},$$

故在概率测度 $\widetilde{P}$ 下, $X \sim N(\mu, 1)$. □

注 3.4.6 利用微分形式 $d\widetilde{P}(\omega) = Z(\omega)dP(\omega)$, 随机变量在不同概率测度下的期望可形式地记为

$$\widetilde{\mathrm{E}}[X] = \int_\Omega X(\omega)d\widetilde{P}(\omega) = \int_\Omega X(\omega)Z(\omega)dP(\omega) = \mathrm{E}[ZX].$$

定义 3.12 Ω 为非空集合, $\mathcal{F}$ 是 Ω 上的 σ 代数, P 和 $\widetilde{P}$ 是定义在 $(\Omega, \mathcal{F})$ 上的两个概率测度. 对于 $A \in \mathcal{F}$, 若 $P(A) = 0$ 当且仅当 $\widetilde{P}(A) = 0$, 则称 P 和 $\widetilde{P}$ 是等价的概率测度. 记为 $P \sim \widetilde{P}$.

从定义可以看出, 等价的概率测度对于样本空间中的零概率集有相同的认知. 若 $P(A) = 0$, 即 A 在 P 下是几乎必然不会发生的事件, 则其在 $\widetilde{P}$ 下也是几乎必然不会发生的事件, 有 $\widetilde{P}(A) = 0$. 容易看出, 等价的概率测度对于样本空间中几乎必然发生的事件也有相同的认知, 即 $P(A) = 1$ 等价于 $\widetilde{P}(A) = 1$.

为了能将测度变换方法用于金融衍生品的定价, 我们要求测度变换后得到的新测度与原测度等价. 下面的定理提供了构造等价概率测度的方法.

定理3.4.7 $(\Omega, \mathcal{F}, P)$ 是概率空间, 随机变量 Z 是由概率测度 P 变换到 $\widetilde{P}$ 的拉东-尼科迪姆导数. 若 Z 几乎必然为正, 则 $\widetilde{P}$ 是与 P 等价的概率测度.

证明 对任意 $A \in \mathcal{F}$, 若 $P(A) = 0$, 则在 P 下 I_A 几乎必然为零, 有

$$\widetilde{P}(A) = \int_A Z(\omega)dP(\omega) = \int_\Omega I_A(\omega)Z(\omega)dP(\omega) = 0,$$

反之, 若 $\widetilde{P}(A) = 0$, 则在 $\widetilde{P}$ 下 I_A 几乎必然为零, 根据定理 3.4.4, 有

$$P(A) = \mathrm{E}[I_A] = \widetilde{\mathrm{E}}\Big[\frac{I_A}{Z}\Big] = 0,$$

故 $\widetilde{P}$ 是与 P 等价的概率测度. □

通过几乎必然为正的拉东–尼科迪姆导数 Z, 可以由概率测度 P 得到等价的概率测度 $\widetilde{P}$. 考虑任意两个等价的概率测度 P 与 $\widetilde{P}$, 是否一定可以找到随机变量 Z 作为 P 变换到 $\widetilde{P}$ 的拉东–尼科迪姆导数? 下面的拉东–尼科迪姆定理给出了肯定的回答.

定理 3.4.8　(拉东–尼科迪姆定理) P 和 $\widetilde{P}$ 是 $(\Omega, \mathcal{F})$ 上等价的概率测度, 则存在几乎必然为正的随机变量 Z, 满足 $\mathrm{E}Z = 1$, 并且

$$\widetilde{P}(A) = \int_A Z(\omega) dP(\omega), \quad \forall A \in \mathcal{F}.$$

3.4.2　随机过程的测度变换

对于给定概率测度空间上的随机过程, 可以通过测度变换, 改变随机过程在任意时刻取值的分布.

设 $(\Omega, \mathcal{F}, P)$ 是概率空间, $\mathcal{F}(t)$, $t \geqslant 0$ 是给定的域流, 假定随机变量 Z 几乎必然为正, 满足 $\mathrm{E}[Z] = 1$, 并由此定义概率测度

$$\widetilde{P}(A) = \int_A Z(\omega) dP(\omega), \quad \forall A \in \mathcal{F}.$$

定义拉东–尼科迪姆导数过程

$$Z(t) = \mathrm{E}[Z|\mathcal{F}(t)], \quad t \geqslant 0,$$

则 $Z(t)$ 是适应于域流 $\mathcal{F}(t)$ 的随机过程. 对任意的 $0 \leqslant s \leqslant t$, 由累次条件期望可得

$$\mathrm{E}[Z(t)|\mathcal{F}(s)] = \mathrm{E}[\mathrm{E}[Z|\mathcal{F}(t)]|\mathcal{F}(s)] = \mathrm{E}[Z|\mathcal{F}(s)] = Z(s),$$

故 $Z(t)$ 是鞅.

引理 3.4.9　X 是 $\mathcal{F}(t)$ 可测的随机变量, 则

$$\widetilde{\mathrm{E}}[X] = \mathrm{E}[XZ(t)].$$

证明　由题设可知

$$\widetilde{\mathrm{E}}[X] = \mathrm{E}[XZ] = \mathrm{E}[\mathrm{E}[XZ|\mathcal{F}(t)]] = \mathrm{E}[X\mathrm{E}[Z|\mathcal{F}(t)]] = \mathrm{E}[XZ(t)]. \quad □$$

引理 3.4.10　X 是 $\mathcal{F}(t)$ 可测的随机变量, 则对任意 $0 \leqslant s \leqslant t$, 有

$$\widetilde{\mathrm{E}}[X|\mathcal{F}(s)] = \frac{1}{Z(s)}\mathrm{E}[XZ(t)|\mathcal{F}(s)].$$

证明　对任意 $A \in \mathcal{F}(s)$, 有

$$\int_A X d\widetilde{P} = \widetilde{\mathrm{E}}[I_A X] = \mathrm{E}[I_A X Z(t)] = \mathrm{E}[I_A \mathrm{E}[XZ(t)|\mathcal{F}(s)]]$$

$$= \widetilde{\mathrm{E}}\left[\frac{I_A}{Z(s)}\mathrm{E}[XZ(t)|\mathcal{F}(s)]\right] = \int_A \frac{1}{Z(s)}\mathrm{E}[XZ(t)|\mathcal{F}(s)]d\widetilde{P},$$

故

$$\widetilde{\mathrm{E}}[X|\mathcal{F}(s)] = \frac{1}{Z(s)}\mathrm{E}[XZ(t)|\mathcal{F}(s)]. \qquad \square$$

引理给出了随机变量在概率测度 P 和 $\widetilde{P}$ 下条件期望的关系, 由此立即得到以下结论.

引理 3.4.11　$X(t)$ 是适应于域流 $\mathcal{F}(t)$ 的随机过程, 则 $X(t)$ 是概率测度 $\widetilde{P}$ 下的鞅当且仅当 $X(t)Z(t)$ 是概率测度 P 下的鞅.

证明　对任意 $0 \leqslant s \leqslant t$, 由引理 3.4.10, 有

$$\widetilde{\mathrm{E}}[X(t)|\mathcal{F}(s)] = \frac{1}{Z(s)}\mathrm{E}[X(t)Z(t)|\mathcal{F}(s)].$$

$(\Rightarrow)$　若 $X(t)$ 是概率测度 $\widetilde{P}$ 下的鞅, 则

$$X(s) = \widetilde{\mathrm{E}}[X(t)|\mathcal{F}(s)] = \frac{1}{Z(s)}\mathrm{E}[X(t)Z(t)|\mathcal{F}(s)].$$

此时有

$$\mathrm{E}[X(t)Z(t)|\mathcal{F}(s)] = X(s)Z(s),$$

即 $X(t)Z(t)$ 是概率测度 P 下的鞅.

$(\Leftarrow)$　若 $X(t)Z(t)$ 是概率测度 P 下的鞅, 则

$$\widetilde{\mathrm{E}}[X(t)|\mathcal{F}(s)] = \frac{1}{Z(s)}\mathrm{E}[X(t)Z(t)|\mathcal{F}(s)] = \frac{1}{Z(s)} \cdot X(s)Z(s) = X(s),$$

即 $X(t)$ 是概率测度 $\widetilde{P}$ 下的鞅. $\qquad \square$

以上引理说明要证明 $X(t)$ 在新的概率测度 $\widetilde{P}$ 下是鞅, 只需证明 $X(t)Z(t)$ 是原始概率测度 P 下的鞅. 下面给出测度变换中非常重要的哥萨诺夫定理.

定理 3.4.12 (哥萨诺夫定理, 一维情形) 设 $W(t), 0 \leqslant t \leqslant T$ 是概率空间 $(\Omega, \mathcal{F}, P)$ 上的布朗运动, $\mathcal{F}(t), 0 \leqslant t \leqslant T$ 是关于该布朗运动的域流. 设 $\Theta(t), 0 \leqslant t \leqslant T$ 是适应于 $\mathcal{F}(t)$ 的随机过程, 定义

$$\widetilde{W}(t) = W(t) + \int_0^t \Theta(u) du, \quad 0 \leqslant t \leqslant T,$$

以及

$$Z(t) = e^{-\int_0^t \Theta(u) dW(u) - \frac{1}{2} \int_0^t \Theta^2(u) du}, \quad 0 \leqslant t \leqslant T.$$

假定 $\mathrm{E}\left[\int_0^T \Theta^2(u) Z^2(u) du\right] < \infty$, 并令 $Z = Z(T)$, 则 $\mathrm{E}[Z] = 1$, 且 $\widetilde{W}(t), 0 \leqslant t \leqslant T$ 在由 Z 导出的概率测度 $\widetilde{P}$ 下是布朗运动.

证明 令

$$X(t) = -\int_0^t \Theta(u) dW(u) - \frac{1}{2} \int_0^t \Theta^2(u) du,$$

则 $dX(t) = -\Theta(t) dW(t) - \frac{1}{2}\Theta^2(t) dt$, $dX(t) dX(t) = \Theta^2(t) dt$. 由于 $Z(t) = e^{X(t)}$, 根据伊藤公式可得

$$\begin{aligned}
dZ(t) &= e^{X(t)} dX(t) + \frac{1}{2} e^{X(t)} dX(t) dX(t) \\
&= Z(t)\left(-\Theta(t) dW(t) - \frac{1}{2}\Theta^2(t) dt\right) + \frac{1}{2} Z(t)\Theta^2(t) dt \\
&= -Z(t)\Theta(t) dW(t),
\end{aligned}$$

两端积分可得

$$Z(t) = Z(0) - \int_0^t Z(u)\Theta(u) dW(u),$$

由题设 $\mathrm{E}\left[\int_0^T \Theta^2(u) Z^2(u) du\right] < \infty$ 可知上式右端伊藤积分是鞅, 故 $Z(t)$ 是鞅, 有 $\mathrm{E}[Z] = \mathrm{E}[Z(T)] = Z(0) = 1$. $Z(t)$ 即为由概率测度 P 变换到 $\widetilde{P}$ 的拉东–尼科迪姆导数过程.

由于 $\widetilde{W}(0) = 0$ 且具有连续路径, 根据定理 3.2.29, 只需再证明 $\widetilde{W}(t)$ 是概率测度 $\widetilde{P}$ 下的鞅, 且二次变差 $[\widetilde{W}, \widetilde{W}](t) = t$. 对任意的 $0 \leqslant t \leqslant T$, 由题设可知

$$d\widetilde{W}(t) = dW(t) + \Theta(t) dt,$$

故

$$d\widetilde{W}(t)d\widetilde{W}(t) = (dW(t) + \Theta(t)dt)^2 = dW(t)dW(t) = dt,$$

即 $[\widetilde{W}, \widetilde{W}](t) = t$.

最后证明 $\widetilde{W}(t)$ 是概率测度 $\widetilde{P}$ 下的鞅. 由引理 3.4.11, 只需证明 $\widetilde{W}(t)Z(t)$ 是概率测度 P 下的鞅. 由于

$$\begin{aligned}
d(\widetilde{W}(t)Z(t)) =& \widetilde{W}(t)dZ(t) + Z(t)d\widetilde{W}(t) + d\widetilde{W}(t)dZ(t) \\
=& \widetilde{W}(t)(-Z(t)\Theta(t)dW(t)) + Z(t)(dW(t) + \Theta(t)dt) \\
&+ (dW(t) + \Theta(t)dt)(-Z(t)\Theta(t)dW(t)) \\
=& (-\widetilde{W}(t)\Theta(t) + 1)Z(t)dW(t),
\end{aligned}$$

可知 $\widetilde{W}(t)Z(t)$ 是概率测度 P 下的鞅, 故 $\widetilde{W}(t)$ 是概率测度 $\widetilde{P}$ 下的鞅. 由此可得 $\widetilde{W}(t)$ 为概率测度 $\widetilde{P}$ 下的布朗运动.   □

哥萨诺夫定理可以推广到如下的多维情形.

定理 3.4.13 (*多维情形哥萨诺夫定理*) 设 $W(t) = (W_1(t), \cdots, W_n(t)), 0 \leqslant t \leqslant T$ 是概率空间 $(\Omega, \mathcal{F})$ 上的 n 维布朗运动, $\mathcal{F}(t), 0 \leqslant t \leqslant T$ 是关于该布朗运动的域流. 设 $\Theta(t) = (\Theta_1(t), \cdots, \Theta_n(t)), 0 \leqslant t \leqslant T$ 是适应于 $\mathcal{F}(t)$ 的随机过程, 定义 n 维随机过程

$$\widetilde{W}(t) = W(t) + \int_0^t \Theta(u)du, \quad 0 \leqslant t \leqslant T,$$

以及

$$Z(t) = \mathrm{e}^{-\int_0^t \Theta(u) \cdot dW(u) - \frac{1}{2}\int_0^t \|\Theta(u)\|^2 du}, \quad 0 \leqslant t \leqslant T.$$

其中

$$\|\Theta(u)\| = \Big(\sum_{i=1}^n \Theta_i^2(u)\Big)^{\frac{1}{2}}, \quad \int_0^t \Theta(u) \cdot dW(u) = \sum_{i=1}^n \int_0^t \Theta_i(u)dW_i(u),$$

假定 $\mathrm{E}\Big[\int_0^T \|\Theta(u)\|^2 Z^2(u)du\Big] < \infty$, 并令 $Z = Z(T)$, 则 $\mathrm{E}[Z] = 1$, 且 $\widetilde{W}(t), 0 \leqslant t \leqslant T$ 在由 Z 导出的概率测度 $\widetilde{P}$ 下是 n 维布朗运动.

3.5 带跳的随机过程

3.5.1 泊松过程

若随机变量 τ 的密度函数为

$$f(t) = \begin{cases} \lambda e^{-\lambda t}, & t \geqslant 0, \\ 0, & t < 0, \end{cases}$$

其中 $\lambda > 0$, 则称 τ 是一个**指数随机变量**, 或称 τ 具有**指数分布**. 指数随机变量的累积分布函数为

$$F(t) = P(\tau \leqslant t) = \int_0^t \lambda e^{-\lambda t} dt = 1 - e^{-\lambda t}, \quad t \geqslant 0.$$

故

$$P(\tau > t) = e^{-\lambda t}, \quad t \geqslant 0.$$

积分可得指数随机变量 τ 的期望

$$\mathrm{E}[\tau] = \int_0^\infty t f(t) dt = \int_0^\infty t \lambda e^{-\lambda t} dt = \frac{1}{\lambda}.$$

假定我们正在站台等待公交车, 等待时长服从期望为 $\frac{1}{\lambda}$ 的指数分布, 假如我们已经等待了 s 个单位时间, 则还要再等待 t 个单位时间的概率为如下条件概率:

$$P(\tau > t+s | \tau > s) = \frac{P(\tau > t+s, \tau > s)}{P(\tau > s)} = \frac{P(\tau > t+s)}{P(\tau > s)} = \frac{e^{-\lambda(t+s)}}{e^{-\lambda s}} = e^{-\lambda t},$$

于是有

$$P(\tau > t+s | \tau > s) = P(\tau > t),$$

即无论已经等待了多长时间, 都不会影响剩余等待时间的分布. 指数分布的这一性质称为**无记忆性**.

考虑一列独立的指数随机变量 $\tau_n, n = 1, 2, \cdots$, 它们有相同的期望 $\frac{1}{\lambda}$. 现在有一列事件 (我们称之为跳跃), 其中第一次跳跃发生在 τ_1 时刻, 第 k 次跳跃发生在第 $k-1$ 次跳跃的 τ_k 个单位时间之后, $k = 2, 3, \cdots$, 即 τ_k 表示第 $k-1$ 次到第 k 次跳跃之间的时间间隔. 于是第 n 次跳跃发生的时刻 T_n 为

$$T_n = \sum_{k=1}^n \tau_k.$$

泊松过程 $N(t)$ 表示截至 t 时刻跳跃发生的次数, 补充定义 $T_0 = 0$, 有

$$N(t) = k, \quad T_k \leqslant t < T_{k+1}, \quad k = 0, 1, 2, \cdots.$$

故 $N(t)$ 是右连续的阶梯函数, 在时刻 T_k 发生第 k 次跳跃, 每次跳跃的幅度为 1. 由于跳跃之间的时间间隔 τ_k 的期望均为 $\frac{1}{\lambda}$, 故单位时间内平均发生的跳跃次数为 λ, 这就是参数 λ 的实际意义, 我们也将 λ 称为泊松过程 $N(t)$ 的强度. 之后的讨论中我们将泊松过程截至时刻 t 的信息生成的 σ 代数记为 $\mathcal{F}(t)$.

性质 3.5.1 强度为 λ 的泊松过程 $N(t)$ 具有分布

$$P(N(t) = k) = \frac{(\lambda t)^k}{k!} \mathrm{e}^{-\lambda t}, \quad k = 0, 1, 2, \cdots.$$

泊松过程 $N(t)$ 在 t 时刻的分布也称为参数为 λt 的**泊松分布**. 计算可得 $N(t)$ 的期望和方差满足

$$\mathrm{E}[N(t)] = \mathrm{Var}[N(t)] = \lambda t.$$

考虑任意长为 t 的时间区间 $(s, s+t]$ 内泊松过程增量 $N(s+t) - N(s)$ 的分布, 这是时间区间 $(s, s+t]$ 内发生跳跃的次数, 根据指数随机变量的无记忆性, 它与泊松过程截至 s 时刻的信息 $\mathcal{F}(s)$ 无关. 无论 s 时刻之前跳跃的次数以及最后一次跳跃的具体时刻如何, 从 s 时刻开始到之后第一次跳跃出现的时间以及之后任意两次跳跃之间的时间间隔均服从期望为 $\frac{1}{\lambda}$ 的指数分布, 并且均独立于 $\mathcal{F}(s)$. 也就是说, 可以将其看作从 s 时刻重新开始的一个泊松过程, 于是 $N(s+t) - N(s)$ 只与时间区间的长度 t 有关, 而与初始时刻 s 无关, 那么 $N(s+t) - N(s)$ 与 $N(t)$ 有着相同的分布, 都表示长为 t 的时间区间内发生跳跃的次数. 即泊松过程在一个时间区间内的增量只依赖于时间区间的长度, 而与具体的时间点无关, 故泊松过程具有平稳增量, 同时由 $N(s+t) - N(s)$ 独立于泊松过程截至 s 时刻的信息 $\mathcal{F}(s)$, 可知泊松过程具有独立的平稳增量.

定理 3.5.2 $N(t)$ 是强度为 λ 的泊松过程, 对任意的 $0 = t_0 < t_1 < \cdots < t_m < \cdots$, 增量

$$N(t_1) - N(t_0), N(t_2) - N(t_1), \cdots, N(t_m) - N(t_{m-1}), \cdots$$

是独立和平稳的, 且

$$P(N(t_{j+1}) - N(t_j) = k) = \frac{\lambda^k (t_{j+1} - t_j)^k}{k!} \mathrm{e}^{-\lambda(t_{j+1} - t_j)}, \quad k = 0, 1, 2, \cdots.$$

定理给出了识别泊松过程的方法. 若随机过程 $X(t)$ 具有独立增量, 且对任意的 $0 \leqslant s < t$, 增量 $X(t) - X(s)$ 服从参数为 $\lambda(t-s)$ 的泊松分布, 则可以确定 $X(t)$ 是强度为 λ 的泊松过程.

定理 3.5.3 强度为 λ 的泊松过程 $N(t)$ 的矩母函数为

$$\varphi_{N(t)}(u) = \mathrm{E}[\mathrm{e}^{uN(t)}] = \mathrm{e}^{\lambda t(\mathrm{e}^u - 1)}.$$

证明   直接计算

$$\varphi_{N(t)}(u) = \mathrm{E}[\mathrm{e}^{uN(t)}] = \sum_{k=0}^{\infty} \mathrm{e}^{uk} \cdot P(N(t) = k) = \sum_{k=0}^{\infty} \mathrm{e}^{uk} \cdot \frac{(\lambda t)^k}{k!} \mathrm{e}^{-\lambda t}$$

$$= \mathrm{e}^{-\lambda t} \cdot \sum_{k=0}^{\infty} \frac{(\lambda t \mathrm{e}^u)^k}{k!} = \mathrm{e}^{-\lambda t} \cdot \mathrm{e}^{\lambda t \mathrm{e}^u} = \mathrm{e}^{\lambda t(\mathrm{e}^u - 1)}. \qquad \square$$

泊松过程有上升的趋势, 下面我们给出一个与泊松过程有关的鞅性质.

定理 3.5.4 $N(t)$ 是强度为 λ 的泊松过程, 令 $M(t) = N(t) - \lambda t$, 则 $M(t)$ 是鞅.

证明   对任意的 $0 \leqslant s \leqslant t$, 由于 $N(s)$ 为 $\mathcal{F}(s)$ 可测, 故 $M(s)$ 为 $\mathcal{F}(s)$ 可测, 又 $N(t) - N(s)$ 独立于 $\mathcal{F}(s)$, 且 $\mathrm{E}[N(t) - N(s)] = \lambda(t-s)$, 于是有

$$\mathrm{E}[M(t)|\mathcal{F}(s)] = \mathrm{E}[(M(t) - M(s)) + M(s)|\mathcal{F}(s)]$$

$$= \mathrm{E}[M(t) - M(s)|\mathcal{F}(s)] + \mathrm{E}[M(s)|\mathcal{F}(s)]$$

$$= \mathrm{E}[N(t) - N(s) - \lambda(t-s)|\mathcal{F}(s)] + M(s)$$

$$= \mathrm{E}[N(t) - N(s)] - \lambda(t-s) + M(s)$$

$$= M(s).$$

即 $M(t)$ 是鞅. $\qquad \square$

定理中的 $M(t)$ 称为**补偿泊松过程**. 在泊松过程中, 每次发生跳跃的幅度都是一个单位, 现在我们考虑跳跃的幅度为随机的情况.

定义 3.13 $N(t)$ 是强度为 λ 的泊松过程, $Y_1, Y_2, \cdots$ 是一列独立同分布且独立于泊松过程 $N(t)$ 的随机变量, 满足 $\mathrm{E}[Y_k] = \beta$, $k = 1, 2, \cdots$, 称

$$Q(t) = \sum_{k=1}^{N(t)} Y_k, \quad t \geqslant 0$$

为一个复合泊松过程.

　　复合泊松过程 $Q(t)$ 也是右连续的阶梯函数, 且与泊松过程 $N(t)$ 在同一时刻发生跳跃, $N(t)$ 每次的跳跃幅度为定值 1 , 但 $Q(t)$ 的每次跳跃幅度随机, 第 k 次跳跃的幅度为 Y_k. 除了跳跃的幅度随机, 泊松过程 $N(t)$ 的很多性质复合泊松过程 $Q(t)$ 也同样满足.

　　类似于泊松过程 $N(t)$, 复合泊松过程 $Q(t)$ 在任意长为 t 的时间区间 $(s, s+t]$ 内的增量 $Q(s+t)-Q(s)$ 独立于复合泊松过程截至 s 时刻的信息 $\mathcal{F}(s)$, 且 $Q(s+t)-Q(s)$ 与 $Q(t)$ 有着相同的分布. 即复合泊松过程 $Q(t)$ 也具有独立的平稳增量.

　　复合泊松过程 $Q(t)$ 的期望

$$\mathrm{E}[Q(t)] = \sum_{k=0}^{\infty} \mathrm{E}\Big[\sum_{i=1}^{k} Y_i | N(t) = k \Big] \cdot P(N(t) = k) = \sum_{k=0}^{\infty} \beta k \cdot \frac{(\lambda t)^k}{k!} \mathrm{e}^{-\lambda t} = \beta \lambda t,$$

$Q(t)$ 在长为 t 的时间内平均发生 λt 次跳跃, 每次跳跃的平均幅度为 β, 且跳跃的次数与幅度是独立的, 故 $Q(t)$ 的期望为 $\beta \lambda t$. 类似于泊松过程, 以下定理给出了复合泊松过程 $Q(t)$ 所满足的鞅性质, 证明略.

　　定理 3.5.5　$Q(t)$ 是复合泊松过程, 定义补偿复合泊松过程 $M(t) = Q(t) - \beta \lambda t$, 则 $M(t)$ 是一个鞅.

3.5.2　跳过程及其积分

　　在这一节中, 我们讨论关于跳过程的随机积分, 其中涉及的布朗运动、泊松过程以及复合泊松过程满足如下定义.

　　定义 3.14　设 $(\Omega, \mathcal{F}, P)$ 是概率空间, $\mathcal{F}(t), t \geqslant 0$ 是该空间上的一个域流. 如果对每个 t, 布朗运动 $W(t)$ (泊松过程 $N(t)$, 复合泊松过程 $Q(t)$) 为 $\mathcal{F}(t)$ 可测并且对任意的 $u > t$, 增量 $W(u) - W(t)$ ($N(u) - N(t)$, $Q(u) - Q(t)$) 都独立于 $\mathcal{F}(t)$, 则称布朗运动 $W(t)$ (泊松过程 $N(t)$, 复合泊松过程 $Q(t)$) 是与 $\mathcal{F}(t)$ 相关的布朗运动 (泊松过程, 复合泊松过程).

　　$\mathcal{F}(t), t \geqslant 0$ 是概率空间 $(\Omega, \mathcal{F}, P)$ 上的一个域流. 令 $X(t)$ 是具有如下形式的随机过程

$$X(t) = X(0) + I(t) + R(t) + J(t).$$

其中初值 $X(0)$ 非随机, 而

$$I(t) = \int_0^t \Delta(u) dW(u)$$

以及

$$R(t) = \int_0^t \Theta(u) du$$

分别是 $\Delta(t)$ 关于布朗运动 $W(t)$ 的伊藤积分和 $\Theta(t)$ 的黎曼积分. 其中布朗运动 $W(t)$ 以及随机过程 $\Delta(t)$, $\Theta(t)$ 均适应于域流 $\mathcal{F}(t)$.

$J(t)$ 是一个适应的右连续**纯跳过程**, 满足 $J(0) = 0$, 且在两次跳跃之间取常数值. 如果在时刻 t 发生跳跃, 跳跃前后瞬间的值分别为 $J(t-)$ 和 $J(t)$, 跳跃幅度为 $\Delta J(t) = J(t) - J(t-)$, 其中 $J(t-) = \lim_{s \to t^-} J(s)$. 泊松过程和复合泊松过程都是纯跳过程. 我们一般假定在任意的有限时间区间内只发生有限多次跳跃.

定义 3.15 形如

$$X(t) = X(0) + I(t) + R(t) + J(t)$$

的随机过程 $X(t)$ 称为跳过程. 其中 $X^c(t) = X(0) + I(t) + R(t)$ 和 $J(t)$ 分别称为其连续部分和纯跳部分.

连续部分 $X^c(t)$ 为伊藤过程. 在 $J(t)$ 的连续点处 $X(t)$ 也是连续的. 若 $J(t)$ 在时刻 t 发生跳跃, 则 $X(t)$ 也同时发生跳跃, 且跳跃幅度与 $J(t)$ 相同, 即

$$\Delta X(t) = X(t) - X(t-) = J(t) - J(t-) = \Delta J(t).$$

定义 3.16 跳过程 $X(t)$ 具有如下形式:

$$X(t) = X(0) + \int_0^t \Delta(u)dW(u) + \int_0^t \Theta(u)du + J(t).$$

$\Gamma(t)$, $t \geqslant 0$ 是适应于 $\mathcal{F}(t)$ 的随机过程, 则 $\Gamma(t)$ 关于 $X(t)$ 的随机积分定义为

$$\int_0^t \Gamma(u)dX(u) = \int_0^t \Gamma(u)\Delta(u)dW(u) + \int_0^t \Gamma(u)\Theta(u)du + \sum_{0 < u \leqslant t} \Gamma(u)\Delta J(u).$$

微分形式记为

$$\Gamma(t)dX(t) = \Gamma(t)\Delta(t)dW(t) + \Gamma(t)\Theta(t)dt + \Gamma(t)dJ(t)$$

或

$$\Gamma(t)dX(t) = \Gamma(t)dX^c(t) + \Gamma(t)dJ(t).$$

3.5.3 跳过程的伊藤公式

为了得到跳过程的伊藤公式, 我们先给出跳过程的二次变差. 取 $0 = t_0 < t_1 < \cdots < t_n = T$ 是 $[0, T]$ 上的任一划分, $\lambda = \max_{0 \leqslant i \leqslant n-1} |t_{i+1} - t_i|$. 跳过程 $X(t)$ 在 $[0, T]$ 上的二次变差为

$$[X, X](T) = \lim_{\lambda \to 0} \sum_{i=0}^{n-1} (X(t_{i+1}) - X(t_i))^2.$$

若涉及多个跳过程, 还需要计算两两之间的交互变差. 两个跳过程 $X_1(t)$ 和 $X_2(t)$ 在区间 $[0,T]$ 上的交互变差为

$$[X_1, X_2](T) = \lim_{\lambda \to 0} \sum_{i=0}^{n-1} (X_1(t_{i+1}) - X_1(t_i))(X_2(t_{i+1}) - X_2(t_i)).$$

定理 3.5.6 $X_i(t) = X_i(0) + I_i(t) + R_i(t) + J_i(t)$ 是跳过程, 其中 $I_i(t) = \int_0^t \Delta_i(u)dW(u)$, $R_i(t) = \int_0^t \Theta_i(u)du$, $J_i(t)$ 是右连续的纯跳过程, $i = 1, 2$. 记 $X_i^c(t) = X_i(0) + I_i(t) + R_i(t)$ 为其连续部分, 则

$$[X_i, X_j](T) = [X_i^c, X_j^c](T) + [J_i, J_j](T) = \int_0^T \Delta_i(u)\Delta_j(u)du + \sum_{0<u\leqslant T} \Delta J_i(u)\Delta J_j(u).$$

证明   令 $0 = t_0 < t_1 < t_2 < \cdots < t_n = T$ 是 $[0,T]$ 的一个划分, 由于

$$[X_i, X_j](T) = [X_i^c, X_j^c](T) + [X_i^c, J_j](T) + [J_i, X_j^c](T) + [J_i, J_j](T),$$

现在依次计算右端各项. 其中第一项连续部分的交互变差, 根据伊藤过程交互变差的性质可知

$$[X_i^c, X_j^c](T) = \int_0^T \Delta_i(u)\Delta_j(u)du.$$

第二项伊藤过程 $X_i^c(t)$ 与纯跳过程 $J_j(t)$ 的交互变差

$$[X_i^c, J_j](T) = \lim_{\lambda \to 0} \sum_{k=0}^{n-1} (X_i^c(t_{k+1}) - X_i^c(t_k))(J_j(t_{k+1}) - J_j(t_k)),$$

由于

$$\left| \sum_{k=0}^{n-1} (X_i^c(t_{k+1}) - X_i^c(t_k))(J_j(t_{k+1}) - J_j(t_k)) \right|$$

$$\leqslant \max_{0\leqslant k\leqslant n-1} |(X_i^c(t_{k+1}) - X_i^c(t_k))| \cdot \sum_{k=0}^{n-1} |J_j(t_{k+1}) - J_j(t_k)|$$

$$\leqslant \max_{0\leqslant k\leqslant n-1} |(X_i^c(t_{k+1}) - X_i^c(t_k))| \cdot \sum_{0<u\leqslant T} |\Delta J_j(u)|,$$

当 $n \to \infty$ 且 $\lambda = \max_{0\leqslant k\leqslant n-1} |t_{k+1} - t_k| \to 0$ 时, 由伊藤过程 $X_i^c(t)$ 的连续性可知

$$\lim_{\lambda \to 0} \max_{0\leqslant k\leqslant n-1} |(X_i^c(t_{k+1}) - X_i^c(t_k))| = 0,$$

而 $\sum\limits_{0<u\leqslant T}|\Delta J_j(u)|$ 为 $[0,T]$ 中总共有限次跳跃的幅度绝对值之和, 这是不依赖于区间划分的有限值, 故

$$[X_i^c, J_j](T) = \lim_{\lambda\to 0}\sum_{k=0}^{n-1}(X_i^c(t_{k+1}) - X_i^c(t_k))(J_j(t_{k+1}) - J_j(t_k)) = 0.$$

同理第三项 $[J_i, X_j^c](T) = 0$. 最后一项为纯跳过程的交互变差

$$[J_i, J_j](T) = \lim_{\lambda\to 0}\sum_{k=0}^{n-1}(J_i(t_{k+1}) - J_i(t_k))(J_j(t_{k+1}) - J_j(t_k)),$$

由于纯跳过程在区间 $[0,T]$ 中只发生有限次跳跃, 当 $\lambda = \max\limits_{0\leqslant k\leqslant n-1}|t_{k+1} - t_k| \to 0$ 时, $J_i(t)$ 和 $J_j(t)$ 在每个小区间 $(t_k, t_{k+1}]$ 中至多各自发生一次跳跃, 如果 $J_i(t)$ 和 $J_j(t)$ 在某一区间 $(t_k, t_{k+1}]$ 中都发生跳跃, 则跳跃必然同时发生, 此时有

$$(J_i(t_{k+1}) - J_i(t_k))(J_j(t_{k+1}) - J_j(t_k)) = \Delta J_i(s)\Delta J_j(s),$$

其中 s 为 $J_i(t)$ 和 $J_j(t)$ 在区间 $(t_k, t_{k+1}]$ 中同时发生跳跃的时刻. 若 $J_i(t)$ 和 $J_j(t)$ 没有在区间 $(t_k, t_{k+1}]$ 中同时发生跳跃, 则 $J_i(t_{k+1}) - J_i(t_k)$ 和 $J_j(t_{k+1}) - J_j(t_k)$ 至少一个为零, 故

$$[J_i, J_j](T) = \lim_{\lambda\to 0}\sum_{k=0}^{n-1}(J_i(t_{k+1}) - J_i(t_k))(J_j(t_{k+1}) - J_j(t_k))$$

$$= \sum_{0<u\leqslant T}\Delta J_i(u)\Delta J_j(u).$$

综合以上结果, 即得

$$[X_i, X_j](T) = [X_i^c, X_j^c](T) + [J_i, J_j](T)$$

$$= \int_0^T \Delta_i(u)\Delta_j(u)du + \sum_{0<u\leqslant T}\Delta J_i(u)\Delta J_j(u).$$

$\square$

以上我们得到了两个跳过程的交互变差, 当 $i = j$ 时即为各自的二次变差, 不再另行证明.

注 3.5.7 以上结果用微分形式可记为

$$dX_i(t)dX_j(t) = dX_i^c(t)dX_j^c(t) + dJ_i(t)dJ_j(t)$$

以及

$$dX_i^c(t)dJ_j(t) = 0.$$

下面给出单个跳过程的伊藤公式.

定理 3.5.8 $X(t)$, $t \geqslant 0$ 是跳过程, $f(x)$ 是定义在 $\mathbb{R}$ 上的一元函数, 且具有连续二阶导数, 则对任意的 $t \geqslant 0$, 有

$$f(X(t)) = f(X(0)) + \int_0^t f'(X(u))dX^c(u) + \frac{1}{2}\int_0^t f''(X(u))dX^c(u)dX^c(u)$$
$$+ \sum_{0 < u \leqslant t}[f(X(u)) - f(X(u-))].$$

证明 对 $X(t)$ 的任意给定路径, 设 $0 < t_1 < t_2 < \cdots < t_{n-1} < t$ 是该路径在 $[0, t]$ 中全部发生跳跃的时刻, 再令 $t_0 = 0, t_n = t$. 对于任意两个相邻跳跃点之间的区间 $[t_k, t_{k+1}]$, $k = 0, 1, \cdots, n-1$, $X(t)$ 在 $[t_k, t_{k+1})$ 上连续, 在 t_{k+1} 发生跳跃. 故在 $[t_k, t_{k+1})$ 上使用连续过程的伊藤公式计算函数的增量, 再加上在跳跃点的增量即可得到 $f(X(t))$ 在区间 $[t_k, t_{k+1}]$ 上的增量. 根据伊藤公式有

$$f(X(t_{k+1}-)) - f(X(t_k)) = \int_{t_k}^{t_{k+1}} f'(X(u))dX^c(u)$$
$$+ \frac{1}{2}\int_{t_k}^{t_{k+1}} f''(X(u))dX^c(u)dX^c(u)$$

(注意右端积分式中为 $dX^c(u)$ 而不是 $dX(u)$). 在跳跃点 t_{k+1} 处的增量为 $f(X(t_{k+1})) - f(X(t_{k+1}-))$. 故

$$f(X(t_{k+1})) - f(X(t_k)) = \int_{t_k}^{t_{k+1}} f'(X(u))dX^c(u)$$
$$+ \frac{1}{2}\int_{t_k}^{t_{k+1}} f''(X(u))dX^c(u)dX^c(u)$$
$$+ f(X(t_{k+1})) - f(X(t_{k+1}-)),$$

对所有跳跃区间求和即得

$$f(X(t)) = f(X(0)) + \int_0^t f'(X(u))dX^c(u) + \frac{1}{2}\int_0^t f''(X(u))dX^c(u)dX^c(u)$$
$$+ \sum_{0 < u \leqslant t}[f(X(u)) - f(X(u-))]. \qquad \square$$

由于含有关于跳跃求和的项, 并非所有的单个跳过程总是能写成微分形式. 下面给出一种具有微分形式的跳扩散过程.

例 3.5.9 几何泊松过程:

$$S(t) = S(0)e^{N(t)\ln(\sigma+1)-\lambda\sigma t}$$

$$= S(0)e^{-\lambda\sigma t}(\sigma+1)^{N(t)},$$

其中 $\sigma > -1$ 为常数, $N(t)$ 表示强度为 $\lambda > 0$ 的泊松过程. 证明其微分形式为

$$dS(t) = \sigma S(t-)dM(t),$$

其中 $M(t) = N(t) - \lambda t$ 为补偿泊松过程.

证明 令 $X(t) = X^c(t) + J(t)$, 其中 $X^c(t) = -\lambda\sigma t$, $J(t) = N(t)\ln(\sigma+1)$, 令 $f(x) = S(0)e^x$, 则 $S(t) = f(X(t))$, 由定理 3.5.8 可得

$$S(t) = S(0) - \lambda\sigma \int_0^t S(u)du + \sum_{0<u\leqslant t} [S(u) - S(u-)].$$

如果 u 时刻发生跳跃, 即 $\Delta N(u) = N(u) - N(u-) = 1$, 此时

$$S(u) - S(u-) = \sigma S(u-),$$

如果 u 时刻不发生跳跃, 即 $\Delta N(u) = N(u) - N(u-) = 0$, 此时

$$S(u) - S(u-) = 0,$$

上述两种情况都可表示为

$$S(u) - S(u-) = \sigma S(u-)\Delta N(u),$$

因而

$$S(t) = S(0) - \lambda\sigma \int_0^t S(u)du + \sum_{0<u\leqslant t} \sigma S(u-)\Delta N(u)$$

$$= S(0) - \lambda\sigma \int_0^t S(u)du + \int_0^t \sigma S(u-)dN(u)$$

$$= S(0) - \lambda\sigma \int_0^t S(u-)du + \int_0^t \sigma S(u-)dN(u)$$

$$= S(0) - \lambda\sigma \int_0^t S(u-)dM(u).$$

因此, 其微分形式为

$$dS(t) = -\lambda\sigma S(t)dt + \sigma S(t-)dN(t) = \sigma S(t-)dM(t). \qquad \square$$

对于多个跳过程的伊藤公式, 我们以两个过程为例, 有如下结果.

定理 3.5.10 $X(t), Y(t), t \geqslant 0$ 是跳过程, $f(t, x, y)$ 具有连续的二阶偏导数, 则对任意的 $t \geqslant 0$, 有

$$f(t, X(t), Y(t))$$

$$= f(0, X(0), Y(0)) + \int_0^t f_t(u, X(u), Y(u))du + \int_0^t f_x(u, X(u), Y(u))dX^c(u)$$

$$+ \int_0^t f_y(u, X(u), Y(u))dY^c(u) + \frac{1}{2}\int_0^t f_{xx}(u, X(u), Y(u))dX^c(u)dX^c(u)$$

$$+ \frac{1}{2}\int_0^t f_{yy}(u, X(u), Y(u))dY^c(u)dY^c(u) + \int_0^t f_{xy}(u, X(u), Y(u))dX^c(u)dY^c(u)$$

$$+ \sum_{0 < u \leqslant t} [f(u, X(u), Y(u)) - f(u, X(u-), Y(u-))].$$

只需对跳跃点之间的连续过程使用多个过程的伊藤公式, 再加上跳跃点处的增量即可, 证明略.

3.5.4 关于泊松过程的测度变换

$(\Omega, \mathcal{F}, P)$ 是概率测度空间, $\mathcal{F}(t), t \geqslant 0$ 是该空间上的一个域流. $N(t)$ 是相应于域流 $\mathcal{F}(t)$ 的强度为 λ 的泊松过程, 通过测度变换, 我们可以改变其强度.

定理 3.5.11 设 $N(t), 0 \leqslant t \leqslant T$ 是概率测度空间 $(\Omega, \mathcal{F}, P)$ 上强度为 λ 的泊松过程, $\mathcal{F}(t), 0 \leqslant t \leqslant T$ 是关于该泊松过程的域流. 常数 $\widetilde{\lambda} > 0$, 定义

$$Z(t) = e^{(\lambda - \widetilde{\lambda})t}\Big(\frac{\widetilde{\lambda}}{\lambda}\Big)^{N(t)}, \quad 0 \leqslant t \leqslant T,$$

令 $Z = Z(T)$, 则 $\mathrm{E}[Z] = 1$, 在由 Z 导出的概率测度 $\widetilde{P}$ 下, $N(t)$ 是强度为 $\widetilde{\lambda}$ 的泊松过程.

证明 先证明 $Z(t)$ 是测度 P 下的鞅. 由于泊松过程 $N(t)$ 具有独立增量, 故对任意的 $0 \leqslant s \leqslant t \leqslant T$, 有

$$\mathrm{E}[Z(t)|\mathcal{F}(s)] = \mathrm{E}\Big[e^{(\lambda - \widetilde{\lambda})t}\Big(\frac{\widetilde{\lambda}}{\lambda}\Big)^{N(t)}|\mathcal{F}(s)\Big]$$

$$= e^{(\lambda - \widetilde{\lambda})t}\Big(\frac{\widetilde{\lambda}}{\lambda}\Big)^{N(s)}\mathrm{E}\Big[\Big(\frac{\widetilde{\lambda}}{\lambda}\Big)^{N(t) - N(s)}|\mathcal{F}(s)\Big]$$

$$= e^{(\lambda - \widetilde{\lambda})t}\Big(\frac{\widetilde{\lambda}}{\lambda}\Big)^{N(s)}\mathrm{E}\Big[\Big(\frac{\widetilde{\lambda}}{\lambda}\Big)^{N(t) - N(s)}\Big]$$

$$= \mathrm{e}^{(\lambda - \widetilde{\lambda})t} \Big(\frac{\widetilde{\lambda}}{\lambda} \Big)^{N(s)} \mathrm{E}\Big[\mathrm{e}^{(N(t) - N(s)) \ln(\frac{\widetilde{\lambda}}{\lambda})} \Big].$$

由于 $N(t)$ 的矩母函数为 $\mathrm{E}[\mathrm{e}^{uN(t)}] = \mathrm{e}^{\lambda t(\mathrm{e}^u - 1)}$, 而 $N(t) - N(s)$ 与 $N(t-s)$ 同分布, 有

$$\mathrm{E}\Big[\mathrm{e}^{(N(t) - N(s)) \ln(\frac{\widetilde{\lambda}}{\lambda})} \Big] = \mathrm{e}^{\lambda(t-s)(\mathrm{e}^{\ln(\frac{\widetilde{\lambda}}{\lambda})} - 1)}$$

$$= \mathrm{e}^{\lambda(t-s)\frac{\widetilde{\lambda} - \lambda}{\lambda}}$$

$$= \mathrm{e}^{-(\lambda - \widetilde{\lambda})(t-s)},$$

故

$$\mathrm{E}[Z(t)|\mathcal{F}(s)] = \mathrm{e}^{(\lambda - \widetilde{\lambda})t} \Big(\frac{\widetilde{\lambda}}{\lambda} \Big)^{N(s)} \mathrm{e}^{-(\lambda - \widetilde{\lambda})(t-s)} = \mathrm{e}^{(\lambda - \widetilde{\lambda})s} \Big(\frac{\widetilde{\lambda}}{\lambda} \Big)^{N(s)} = Z(s).$$

即 $Z(t)$ 是测度 P 下的鞅, 由此可得

$$\mathrm{E}[Z] = \mathrm{E}[Z(T)] = Z(0) = 1.$$

要证明 $N(t)$ 在概率测度 $\widetilde{P}$ 下是强度为 $\widetilde{\lambda}$ 的泊松过程, 只需证明对任意的 $0 \leqslant s \leqslant t \leqslant T$, 增量 $N(t) - N(s)$ 独立于 $\mathcal{F}(s)$ 且满足参数为 $\widetilde{\lambda}(t-s)$ 的泊松分布. 由于强度为 $\widetilde{\lambda}$ 的泊松过程具有矩母函数 $\varphi_{N(t)}(u) = \mathrm{e}^{\widetilde{\lambda}t(\mathrm{e}^u - 1)}$, 这等价于证明

$$\widetilde{\mathrm{E}}[\mathrm{e}^{u(N(t) - N(s))}|\mathcal{F}(s)] = \mathrm{e}^{\widetilde{\lambda}(t-s)(\mathrm{e}^u - 1)},$$

由

$$\widetilde{\mathrm{E}}[\mathrm{e}^{u(N(t) - N(s))}|\mathcal{F}(s)] = \mathrm{E}\Big[\mathrm{e}^{u(N(t) - N(s))} \frac{Z(t)}{Z(s)} \Big| \mathcal{F}(s) \Big]$$

$$= \mathrm{e}^{(\lambda - \widetilde{\lambda})(t-s)} \mathrm{E}\Big[\mathrm{e}^{u(N(t) - N(s))} \Big(\frac{\widetilde{\lambda}}{\lambda} \Big)^{N(t) - N(s)} \Big| \mathcal{F}(s) \Big]$$

$$= \mathrm{e}^{(\lambda - \widetilde{\lambda})(t-s)} \mathrm{E}\Big[\mathrm{e}^{(u + \ln(\frac{\widetilde{\lambda}}{\lambda}))(N(t) - N(s))} \Big| \mathcal{F}(s) \Big]$$

$$= \mathrm{e}^{(\lambda - \widetilde{\lambda})(t-s)} \mathrm{E}\Big[\mathrm{e}^{(u + \ln(\frac{\widetilde{\lambda}}{\lambda}))(N(t) - N(s))} \Big]$$

$$= \mathrm{e}^{(\lambda - \widetilde{\lambda})(t-s)} \mathrm{e}^{\lambda(t-s)(\mathrm{e}^{u + \ln(\frac{\widetilde{\lambda}}{\lambda})} - 1)}$$

$$= \mathrm{e}^{(\lambda - \widetilde{\lambda})(t-s)} \mathrm{e}^{\lambda(t-s)(\mathrm{e}^u \frac{\widetilde{\lambda}}{\lambda} - 1)}$$

$$= \mathrm{e}^{\widetilde{\lambda}(t-s)(\mathrm{e}^u - 1)}$$

即得. □

3.6　习　　题

1. $W(t)$ 是布朗运动, 证明:

$$X(t) = (1-t)\int_0^t \frac{dW(u)}{1-u}, \quad 0 \leqslant t < 1,$$

满足以下随机微分方程

$$dX(t) = \frac{X(t)}{t-1}dt + dW(t), \quad 0 \leqslant t < 1, \quad X(0) = 0.$$

2. $W(t)$ 是布朗运动, 令 $X(t) = tW(t)$, $Y(t) = \mathrm{e}^{W(t)}$, 求 $d\left(\frac{X(t)}{Y(t)}\right)$.

3. $W(t)$ 是布朗运动, 令 $M(t) = \mathrm{e}^{W(t)-\frac{t}{2}}$, 求 $d(M^2(t))$.

4. $W(t)$ 是布朗运动, 令 $M(t) = W^3(t) - 3tW(t)$, 证明: $M(t)$ 是鞅.

5. $W(t)$ 是布朗运动, 令 $X(t) = \int_0^t (t-u)dW(u)$, 求 $dX(t)$ 以及 $[X,X](t)$.

6. $W(t)$ 是布朗运动, 令 $X(t) = \int_0^t W(s)ds$, 确定 $X(t)$ 的分布.

7. $W(t) = (W_1(t), W_2(t))$ 是二维布朗运动, 令 $X(t) = \sqrt{W_1^2(t) + W_2^2(t)}$, 确定 $X(t)$ 的分布.

8. $X(t)$ 满足随机微分方程

$$dX(t) = cX(t)dt + dW(t),$$

其中 c 为常数, 证明: $M(t) = X^2(t) - 2c\int_0^t X^2(u)du - t$ 是鞅.

9. 试证明: 若 $X(t)$, $t \geqslant 0$ 是随机微分方程

$$dX(t) = \mu(X(t),t)dt + \sigma(X(t),t)dW(t)$$

的解, $f(x,t)$ 具有连续的二阶偏导数, 且满足偏微分方程

$$\mathcal{L}f(x,t) + f_t(x,t) = \phi(x),$$

令 $f(x,T) = g(x)$, 且

$$\mathrm{E}\left[\int_0^t (\sigma(X(u),u)f_x(X(u),u))^2 du\right] < \infty,$$

则

$$f(x,t) = \mathrm{E}\left[\left(g(X(T)) - \int_t^T \phi(X(s))ds\right)\bigg| X(t) = x\right].$$

10. $f(x,t)$ 满足方程

$$\frac{1}{2}\sigma^2 x^2 f_{xx} + \mu x f_x + f_t = rf, \quad 0 \leqslant t \leqslant T$$

以及终值条件 $f(x,T) = x^2$. 使用费曼–卡茨定理求解 $f(x,t)$.

11. X 是概率空间 $(\Omega, \mathcal{F}, P)$ 上的随机变量, 其密度函数 $f(x) > 0,\ \forall x \in \mathbb{R}$. $g(x)$ 是严格递增的可微函数, 满足 $\lim\limits_{x \to -\infty} g(x) = -\infty,\ \lim\limits_{x \to +\infty} g(x) = +\infty$. $h(y)$ 是定义在 R 上的非负函数且满足 $\displaystyle\int_{-\infty}^{+\infty} h(y)dy = 1$. 定义随机变量 $Y = g(X)$, 以及 $Z = \dfrac{h(g(X))g'(X)}{f(X)}$. 证明:

(1) $\mathrm{E}[Z] = 1$;

(2) 定义概率测度 Q:

$$Q(A) = \int_A Z dP, \quad \forall A \in \mathcal{F},$$

则 Y 在概率测度 Q 下具有密度函数 $h(y)$.

12. X 是概率空间 $(\Omega, \mathcal{F}, P)$ 上的标准正态随机变量, 定义 $Y = X + \theta,\ \theta \in \mathbb{R}$. 令 $Z = \mathrm{e}^{-\theta X - \frac{1}{2}\theta^2}$, 定义概率测度 $Q : Q(A) = \displaystyle\int_A Z dP,\ \forall A \in \mathcal{F}$. 证明: Y 在概率测度 Q 下为标准正态随机变量.

第 4 章　欧式期权定价

期权指的是持有人在确定时间, 按确定价格向出售期权方购买 (或销售) 一定数量的原生资产 (如股票、货币、股指等) 的协议, 但不承担必须购买 (或销售) 的义务. 期权按合约中购买和销售原生资产来划分, 可分为看涨期权和看跌期权.

假设原生资产 $S(t)$ 服从几何布朗运动:

$$\frac{dS(t)}{S(t)} = \mu dt + \sigma dW(t), \tag{4.1}$$

其中 μ 表示期望回报率, σ 表示波动率, $W(t)$ 为标准布朗运动. 在到期日 T, 欧式期权持有人可以选择执行或者不执行期权合约. 以欧式看涨期权为例, 若 T 时刻原生资产的价格 $S(T)$ 大于期权合约中的敲定价格 K, 那么期权持有人可选择执行期权合约, 即以敲定价格 K 向期权出售方购买原生资产, 同时可以按市场价格在交易市场中以 $S(T)$ 卖出这份资产, 进而从中获利 $S(T) - K$. 若 T 时刻原生资产的价格 $S(T)$ 小于或者等于期权合约中的敲定价格 K, 那么可选择不执行期权合约, 此时获得收益为 0. 如图 4.1 所示, 欧式期权持有人在到期日 T 能获得的收益函数为

$$V(T) = \begin{cases} (S(T) - K)^+, & (\text{看涨期权}) \\ (K - S(T))^+, & (\text{看跌期权}) \end{cases} \tag{4.2}$$

其中 $(x)^+ = \max\{0, x\}, x \in \mathbb{R}$, K 为敲定价格. 期权定价的核心问题是在任意时刻 $t \in [0, T]$, 求出这份期权合约的价格.

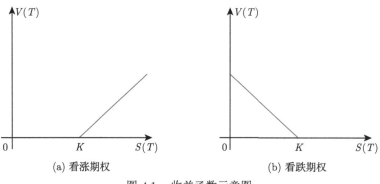

(a) 看涨期权　　　　　　　　(b) 看跌期权

图 4.1　收益函数示意图

4.1 Δ-对冲

由于原生资产价格的不确定性, 期权合约能给期权购买者带来的收益也是不确定的. 如何给期权定一个合适的价格? 应该以什么样的方式来衡量期权的价值, 这是解决期权定价问题的关键. 接下来, 我们将从对冲风险的角度来给出风险中性的期权定价公式.

首先, 介绍一下无风险和风险资产的概念. **无风险资产**是指具有确定的收益率, 并且不存在违约风险的资产. 在现实经济中, 通常将中央政府发行的债券等视作无风险资产. 假设无风险利率为 r, 则无风险资产 $B(t)$ 满足

$$dB(t) = rB(t)dt.$$

风险资产是指具有不确定的未来收益能力的资产, 例如股票、债券等.

由于原生资产价格的不确定性, 卖出一份期权, 期权出售方必然面临风险. 为了回避这个风险, 出售方可采取适当的策略来对风险进行控制, 即买进适当份额的原生资产与期权进行对冲. 这便是 Δ-对冲的思想.

定义 4.1 对于给定的期权 V, 构造投资组合:

$$\Pi = V - \Delta S,$$

使得 Π 是无风险的, 这称为 Δ-对冲.

对于原生资产价格服从几何布朗运动的情况, 利用 Δ-对冲策略, 选取适当的 Δ 使得在 $(t, t+dt)$ 内, Π 是无风险的. 假设无风险利率为 r. 因此, 在时刻 $t + dt$, 投资组合的回报是

$$\frac{\Pi(t+dt) - \Pi(t)}{\Pi(t)} = rdt,$$

即

$$d\Pi(t) = r\Pi(t)dt.$$

代入 $\Pi = V - \Delta S$ 可得

$$dV(t, S(t)) - \Delta dS(t) = r(V(t, S(t)) - \Delta S(t))dt. \tag{4.3}$$

由伊藤公式

$$dV(t, S(t)) = \left(V_t(t, S(t)) + \mu S(t)V_x(t, S(t)) + \frac{1}{2}\sigma^2 S^2(t)V_{xx}(t, S(t))\right)dt$$
$$+ \sigma S(t)V_x(t, S(t))dW(t).$$

代入式(4.3)可得

$$\Big(V_t(t, S(t)) + \mu S(t)V_x(t, S(t)) + \frac{1}{2}\sigma^2 S^2(t)V_{xx}(t, S(t)) - \Delta \mu S(t)\Big)dt$$
$$+ \big(\sigma S(t)V_x(t, S(t)) - \Delta \sigma S(t)\big)dW(t)$$
$$= r\big(V(t, S(t)) - \Delta S(t)\big)dt. \tag{4.4}$$

由于等式右端是无风险的, 即不含 $dW(t)$ 项, 因此等式左端随机项 $dW(t)$ 系数必为 0, 即

$$\Delta = V_x(t, S(t)).$$

将它代入式(4.4), 并消去 dt, 令 $S(t) = s$ 可得

$$V_t(t, s) + rsV_s(t, s) + \frac{1}{2}\sigma^2 s^2 V_{ss}(t, s) = rV(t, s). \tag{4.5}$$

再结合终值条件

$$V(T, s) = (s - K)^+, \tag{4.6}$$

就得到了刻画期权价格变化的偏微分方程: 布莱克–斯科尔斯方程.

对式 (4.5) 进行求解就可以得到期权定价的公式. 由于对式 (4.5) 的求解过程需要用到偏微分方程的知识, 这部分内容我们放在本章 4.4 节进行讲解. 此外, 文献 [22, 23] 详细介绍了期权定价的偏微分方程方法.

4.2　欧式期权风险中性定价公式

接下来我们将从风险中性测度的角度将期权价格表示为风险中性测度下条件期望的形式, 再通过概率的方法给出定价公式.

在测度 P 下, $W(t)$ 为标准布朗运动. 根据定理 3.4.12 (哥萨诺夫定理), 可定义 $\widetilde{P}$ 测度下的布朗运动:

$$\widetilde{W}(t) = W(t) + \theta t,$$

其中, θ 为常数. 这表明, 我们可定义的测度有无穷多个. 但在完备的市场中, 使得风险资产的期望回报等于无风险资产回报的风险中性测度是唯一的. 假设原生资产 $S(t)$ 服从几何布朗运动:

$$\frac{dS(t)}{S(t)} = \mu dt + \sigma dW(t),$$

其中 μ 表示期望回报率, σ 表示波动率, $W(t)$ 为标准布朗运动. 假设无风险利率为 r, 则风险中性测度 $\widetilde{P}$ 下,

$$\widetilde{W}(t) = W(t) + \theta t,$$

其中

$$\theta = \frac{\mu - r}{\sigma},$$

称为风险的市场价格.

引理 4.2.1 贴现资产过程 $\mathrm{e}^{-rt}S(t)$, 在风险中性测度 $\widetilde{P}$ 下, 是一个鞅.

证明 根据伊藤公式, 贴现资产过程 $\mathrm{e}^{-r(t)}S(t)$ 满足:

$$d(\mathrm{e}^{-rt}S(t)) = -r\mathrm{e}^{-rt}S(t)dt + \mathrm{e}^{-rt}dS(t)$$

$$= \mathrm{e}^{-rt}S(t)\sigma\left[\theta dt + dW(t)\right].$$

根据哥萨诺夫定理, 可定义 $\widetilde{P}$ 测度下的布朗运动:

$$\widetilde{W}(t) = W(t) + \theta t,$$

使得

$$d(\mathrm{e}^{-rt}S(t)) = \mathrm{e}^{-rt}S(t)\sigma d\widetilde{W}(t).$$

由哥萨诺夫定理定义的概率测度 $\widetilde{P}$ 称为风险中性测度. 事实上, 对上式两端从 0 到 t 进行积分可得

$$\mathrm{e}^{-rt}S(t) = S(0) + \int_0^t \mathrm{e}^{-rt}S(t)\sigma d\widetilde{W}(t).$$

在 $\widetilde{P}$ 测度下, 式子右端的积分是伊藤积分, 因而是鞅. □

在风险中性测度下, T 时刻期权价格 $V(T)$ 的贴现过程这一随机变量的数学期望称为期权的风险中性价格. 实际上我们还可以利用上一节中 Δ-对冲的技巧推导出风险中性测度下欧式期权定价的数学期望的表达式.

定理 4.2.2 在风险中性测度 $\widetilde{P}$ 下, 欧式看涨期权的定价公式可表示为

$$V(t, S(t)) = \widetilde{\mathrm{E}}[\mathrm{e}^{-r(T-t)}(S(T) - K)^+ | \mathcal{F}(t)]. \tag{4.7}$$

证明 由式 (4.3),

$$dV(t, S(t)) - rV(t, S(t)) = \Delta(dS(t) - rS(t)dt).$$

在上式两端同乘以 e^{-rt} 可得

$$d[e^{-rt}V(t,S(t))] = \Delta d[e^{-rt}S(t)].$$

根据引理 4.2.1, $e^{-rt}S(t)$ 在风险中性测度下是一个鞅. 因此, 等式左端 $e^{-rt}V(t,S(t))$, 在风险中性测度下也是一个鞅. 进而,

$$e^{-rt}V(t,S(t)) = \widetilde{E}[e^{-rT}V(T,S(T))|\mathcal{F}(t)], \quad 0 \leqslant t \leqslant T.$$

两边同乘上 e^{rt}, 再根据欧式 (看涨) 期权在 T 时刻的支付函数为 $(S(T)-K)^+$, 我们最终得到在风险中性测度下, 期权定价公式为

$$V(t,S(t)) = \widetilde{E}[e^{-r(T-t)}(S(T)-K)^+|\mathcal{F}(t)]. \qquad \square$$

实际上, 对式 (4.7) 使用费曼–卡茨公式, 同样可以得到布莱克–斯科尔斯定价偏微分方程.

4.3 欧式期权风险中性定价公式求解

为了得到欧式看涨期权的定价公式, 我们首先考虑 $S(T)$ 在风险中性测度下的表达式. 将 $\widetilde{W}(t) = W(t) + \theta t$ 代入到 $S(t)$ 满足的式 (4.1) 就得到了 $S(t)$ 在风险中性测度 $\widetilde{P}$ 下的表达式:

$$dS(t) = rS(t)dt + \sigma S(t)d\widetilde{W}(t). \tag{4.8}$$

这意味着 $S(t)$ 在风险中性测度 $\widetilde{P}$ 下的平均回报率等于无风险利率 r, 由此可得

$$S(t) = S(0)e^{(r-\frac{\sigma^2}{2})t+\sigma\widetilde{W}(t)}.$$

进一步, 我们还可以直接求解出 $S(T)$ 在风险中性测度 $\widetilde{P}$ 下的表达式:

$$S(T) = S(0)e^{(r-\frac{\sigma^2}{2})T+\sigma\widetilde{W}(T)}.$$

于是,

$$S(T) = S(t)e^{(r-\frac{\sigma^2}{2})(T-t)+\sigma(\widetilde{W}(T)-\widetilde{W}(t))}.$$

由此, 我们可以推出欧式期权的风险中性定价公式. 令 $s = S(t)$, 表示当前标的资产的价格.

定理 4.3.1 欧式看涨期权的定价公式为

$$V(t,s) = sN(d_1) - e^{-r(T-t)}KN(d_2),$$

其中

$$d_1 = \frac{\ln\frac{s}{K} + (r + \frac{\sigma^2}{2})(T-t)}{\sigma\sqrt{T-t}}, \quad d_2 = d_1 - \sigma\sqrt{T-t}.$$

证明 令

$$Y = -\frac{\widetilde{W}(T) - \widetilde{W}(t)}{\sqrt{T-t}}$$

服从标准正态分布, 于是

$$S(T) = S(t)e^{(r-\frac{\sigma^2}{2})(T-t) - \sigma\sqrt{T-t}Y}.$$

再由独立性引理可知, Y 独立于 $\mathcal{F}(t)$. 因此,

$$
\begin{aligned}
V(t,s) &= \widetilde{\mathrm{E}}\left[e^{-r(T-t)}(S(T) - K)^+ | \mathcal{F}(t)\right] \\
&= \widetilde{\mathrm{E}}\left[e^{-r(T-t)}(se^{(r-\frac{\sigma^2}{2})(T-t) - \sigma\sqrt{T-t}Y} - K)^+\right] \\
&= \frac{1}{\sqrt{2\pi}}\int_{-\infty}^{+\infty} e^{-r(T-t)}(se^{-\sigma\sqrt{T-t}y + (r-\frac{\sigma^2}{2})(T-t)} - K)^+ e^{-\frac{y^2}{2}}\, dy.
\end{aligned}
$$

当且仅当

$$y < d_2 = \frac{\ln\frac{s}{K} + (r - \frac{\sigma^2}{2})(T-t)}{\sigma\sqrt{T-t}},$$

被积函数 $\left(se^{-\sigma\sqrt{T-t}y + (r-\frac{\sigma^2}{2})(T-t)} - K\right)^+ > 0.$ 因此,

$$
\begin{aligned}
V(t,s) &= \frac{1}{\sqrt{2\pi}}\int_{-\infty}^{d_2} e^{-r(T-t)}\left(se^{-\sigma\sqrt{T-t}y + (r-\frac{\sigma^2}{2})(T-t)} - K\right)e^{-\frac{y^2}{2}}\, dy \\
&= \frac{1}{\sqrt{2\pi}}\int_{-\infty}^{d_2} e^{-r(T-t)}se^{-\sigma\sqrt{T-t}y + (r-\frac{\sigma^2}{2})(T-t)}\, dy - \frac{1}{\sqrt{2\pi}}\int_{-\infty}^{d_2} e^{-r(T-t)}Ke^{-\frac{y^2}{2}}\, dy \\
&= \frac{s}{\sqrt{2\pi}}\int_{-\infty}^{d_2} e^{-\frac{1}{2}(y + \sigma\sqrt{T-t})}\, dy - e^{-r(T-t)}KN(d_2) \\
&= \frac{s}{\sqrt{2\pi}}\int_{-\infty}^{d_2 + \sigma\sqrt{T-t}} e^{-\frac{z}{2}}\, dz - e^{-r(T-t)}KN(d_2) \\
&= sN(d_1) - e^{-r(T-t)}KN(d_2),
\end{aligned}
$$

其中

$$d_1 = \frac{\ln\frac{s}{K} + (r + \frac{\sigma^2}{2})(T-t)}{\sigma\sqrt{T-t}}, \quad d_2 = d_1 - \sigma\sqrt{T-t}. \qquad \square$$

4.4 欧式期权定价偏微分方程求解

在前几节中, 利用 Δ-对冲 (或费曼–卡茨定理) 推导出了欧式期权价格满足的偏微分方程:

$$\begin{cases} V_t(t,s) + rsV_s(t,s) + \frac{1}{2}\sigma^2 s^2 V_{ss}(t,s) = rV(t,s), \\ V(T,s) = (s-K)^+. \end{cases}$$

这是一个已知终止时刻边界条件的变系数反抛物型方程定解问题. 可以通过变量替换

$$x = \ln s, \quad \tau = T - t,$$

将该问题转化为常系数抛物型方程的柯西问题 (初值问题):

$$\begin{cases} V_\tau(\tau,x) - (r - \frac{\sigma^2}{2})V_x(\tau,x) - \frac{1}{2}\sigma^2 V_{xx}(\tau,x) - rV(\tau,x) = 0, \\ V(0,x) = (\mathrm{e}^x - K)^+. \end{cases}$$

接下来, 进一步对方程进行化简. 作函数变换

$$V(\tau,x) = u(\tau,x)\mathrm{e}^{\alpha\tau+\beta x},$$

有

$$V_\tau(\tau,x) = \mathrm{e}^{\alpha\tau+\beta x}(u_\tau(\tau,x) + \alpha u(\tau,x)),$$
$$V_x(\tau,x) = \mathrm{e}^{\alpha\tau+\beta x}(u_x(\tau,x) + \beta u(\tau,x)),$$
$$V_{xx}(\tau,x) = \mathrm{e}^{\alpha\tau+\beta x}(u_{xx}(\tau,x) + 2\beta u_x(\tau,x) + \beta^2 u(\tau,x)).$$

将它们代入 $V_\tau(\tau,x)$ 满足的方程, 再消去 $\mathrm{e}^{\alpha\tau+\beta x}$ 项就得到

$$u_\tau - \left(\beta\sigma^2 + r - \frac{\sigma^2}{2}\right)u_x - \frac{\sigma^2}{2}u_{xx} + \left(r - \beta\left(r - \frac{\sigma^2}{2}\right) - \frac{\sigma^2}{2}\beta^2 + \alpha\right)u = 0.$$

取

$$\beta = \frac{1}{2} - \frac{r}{\sigma^2} = \frac{\sigma^2 - 2r}{2\sigma^2},$$

$$\alpha = -r + \beta\left(r - \frac{\sigma^2}{2}\right) + \frac{\sigma^2}{2}\beta^2$$

$$= -r - \frac{1}{2\sigma^2}\left(r - \frac{\sigma^2}{2}\right)^2,$$

则方程进一步转化为求解热传导方程的初值问题:

$$\begin{cases} u_\tau(\tau, x) - \dfrac{\sigma^2}{2}u_{xx}(\tau, x) = 0, \\ u(0, x) = \mathrm{e}^{-\frac{\sigma^2 - 2r}{2\sigma^2}x}(\mathrm{e}^x - K)^+. \end{cases}$$

根据偏微分方程理论, 该问题的解可用泊松公式表示, 即

$$u(\tau, x) = \int_{-\infty}^{+\infty} \phi(\tau, x - \xi)\varphi(\xi)d\xi,$$

其中

$$\varphi(\xi) = \mathrm{e}^{-\frac{\sigma^2 - 2r}{2\sigma^2}\xi}(\mathrm{e}^\xi - K)^+$$

为初值条件,

$$\phi(\tau, x - \xi) = \frac{1}{\sigma\sqrt{2\pi\tau}}\mathrm{e}^{-\frac{(x-\xi)^2}{2\sigma^2\tau}}$$

为热传导方程的基本解. 因此,

$$u(\tau, x) = \int_{-\infty}^{+\infty} \frac{1}{\sigma\sqrt{2\pi\tau}}\mathrm{e}^{-\frac{(x-\xi)^2}{2\sigma^2\tau}}\mathrm{e}^{-\frac{\sigma^2 - 2r}{2\sigma^2}\xi}(\mathrm{e}^\xi - K)^+ d\xi$$

$$= \int_{\ln K}^{+\infty} \frac{1}{\sigma\sqrt{2\pi\tau}}\mathrm{e}^{-\frac{(x-\xi)^2}{2\sigma^2\tau}}(\mathrm{e}^{\frac{\sigma^2 + 2r}{2\sigma^2}\xi} - K\mathrm{e}^{-\frac{\sigma^2 - 2r}{2\sigma^2}\xi})d\xi$$

$$= \int_{\ln K}^{+\infty} \frac{1}{\sigma\sqrt{2\pi\tau}}\mathrm{e}^{-\frac{(x-\xi)^2}{2\sigma^2\tau}}\mathrm{e}^{\frac{\sigma^2 + 2r}{2\sigma^2}\xi}d\xi$$

$$- \int_{\ln K}^{+\infty} \frac{1}{\sigma\sqrt{2\pi\tau}}\mathrm{e}^{-\frac{(x-\xi)^2}{2\sigma^2\tau}}K\mathrm{e}^{-\frac{\sigma^2 - 2r}{2\sigma^2}\xi}d\xi.$$

回到原未知数 $V(\tau, x)$,

$$V(\tau, x) = \mathrm{e}^{-r\tau - \frac{1}{2\sigma^2}(r - \frac{\sigma^2}{2})^2\tau - \frac{\sigma^2 - 2r}{2\sigma^2}x}u(\tau, x)$$

$$= I_1 + I_2,$$

其中

$$I_1 = \mathrm{e}^{-r\tau - \frac{1}{2\sigma^2}(r - \frac{\sigma^2}{2})^2\tau - \frac{\sigma^2 - 2r}{2\sigma^2}x} \int_{\ln K}^{+\infty} \frac{1}{\sigma\sqrt{2\pi\tau}} \mathrm{e}^{-\frac{(x-\xi)^2}{2\sigma^2\tau}} \mathrm{e}^{\frac{\sigma^2 + 2r}{2\sigma^2}\xi} d\xi$$

$$= \int_{\ln K}^{+\infty} \frac{\mathrm{e}^x}{\sigma\sqrt{2\pi\tau}} \mathrm{e}^{-\frac{1}{2\sigma^2\tau}[x - \xi + (r + \frac{\sigma^2}{2})\tau]^2} d\xi.$$

令

$$\omega = \frac{x - \xi + r\tau + \frac{\sigma^2}{2}\tau}{\sigma\sqrt{\tau}},$$

则

$$I_1 = \frac{\mathrm{e}^x}{\sigma\sqrt{2\pi\tau}} \int_{-\infty}^{\frac{x - \ln K + (r + \frac{\sigma^2}{2})\tau}{\sigma\sqrt{\tau}}} \mathrm{e}^{-\frac{\omega^2}{2}} d\omega$$

$$= \mathrm{e}^x N\left(\frac{x - \ln K + (r + \frac{\sigma^2}{2})\tau}{\sigma\sqrt{\tau}}\right).$$

这里的 $N(x)$ 为标准正态分布的累积分布函数. 同理可得

$$I_2 = -\mathrm{e}^{-r\tau - \frac{1}{2\sigma^2}(r - \frac{\sigma^2}{2})^2\tau - \frac{\sigma^2 - 2r}{2\sigma^2}x} \int_{\ln K}^{+\infty} \frac{1}{\sigma\sqrt{2\pi\tau}} \mathrm{e}^{-\frac{(x-\xi)^2}{2\sigma^2\tau}} K \mathrm{e}^{-\frac{\sigma^2 - 2r}{2\sigma^2}\xi} d\xi$$

$$= -K\mathrm{e}^{-r\tau} N\left(\frac{x - \ln K + (r - \frac{\sigma^2}{2})\tau}{\sigma\sqrt{\tau}}\right).$$

再通过变量替换

$$s = \mathrm{e}^x, \quad t = T - \tau,$$

回到原变量 (t, s), 就得到了欧式看涨期权的定价公式

$$V(t, s) = sN(d_1) - K\mathrm{e}^{-r(T-t)} N(d_2),$$

其中

$$d_1 = \frac{\ln \frac{s}{K} + (r + \frac{\sigma^2}{2})(T - t)}{\sigma\sqrt{T - t}}, \quad d_2 = d_1 - \sigma\sqrt{T - t}.$$

这就是著名的布莱克–斯科尔斯公式.

这个结果与我们在前一节通过风险中性测度下求期望的方法得出的定价公式是完全一样的.

4.5 跳模型的欧式期权定价

这一节, 我们考虑原生资产服从跳过程情况下的欧式看涨期权定价问题. 我们先考虑原生资产由单个泊松过程驱动的情形. 假设原生资产 $S(t)$ 服从几何泊松过程:

$$S(t) = S(0)e^{\mu t + N(t)\ln(\sigma+1)-\lambda\sigma t}$$

$$= S(0)e^{(\mu-\lambda\sigma)t}(\sigma+1)^{N(t)},$$

其中 $\sigma > -1$ 为常数, μ 表示期望回报率, $N(t)$ 表示强度为 $\lambda > 0$ 的泊松过程. 类似例 3.5.9 , 可得其微分形式为

$$dS(t) = \mu S(t)dt + \sigma S(t-)dM(t) = (\mu-\lambda\sigma)S(t)dt + \sigma S(t-)dN(t), \quad (4.9)$$

其中 $M(t) = N(t) - \lambda t$ 为补偿泊松过程.

与几何布朗运动情形下的讨论类似, 要求解跳扩散模型下欧式期权的价格, 需要先找到使得风险资产期望收益为无风险利率的风险中性测度. 令

$$\tilde{\lambda} = \lambda - \frac{\mu-r}{\sigma} > 0.$$

实际上, 根据定理 3.5.11, 我们可以找到 (唯一的) 风险中性测度 $\widetilde{P}$, 使得在 $\widetilde{P}$ 下, $N(t)$ 的跳跃强度为 $\tilde{\lambda}$. 这样一来, 在风险中性测度 $\widetilde{P}$ 下

$$dS(t) = (\mu-\tilde{\lambda}\sigma)S(t)dt + \sigma S(t-)dN(t) = rS(t)dt + \sigma S(t-)d\widetilde{M}(t), \quad (4.10)$$

其中 $\widetilde{M}(t) = N(t) - \tilde{\lambda}t$ 为 $\widetilde{P}$ 测度下的补偿泊松过程, 并且在 $\widetilde{P}$ 测度下是一个鞍. 并且, 可求出 $\widetilde{P}$ 测度下,

$$S(t) = e^{(r-\tilde{\lambda}\sigma)t}(\sigma+1)^{N(t)}.$$

由此可得, 单个泊松跳扩散模型下欧式看涨期权的风险中性定价公式为

$$V(t,s) = \widetilde{E}\left[e^{-r(T-t)}(S(T)-K)^+ | S(t) = s\right]$$

$$= \widetilde{E}\left[e^{-r(T-t)}(se^{(r-\tilde{\lambda}\sigma)(T-t)}(\sigma+1)^{N(T)-N(t)} - K)^+\right]$$

$$= \sum_{j=0}^{\infty} e^{-r(T-t)}(se^{(r-\tilde{\lambda}\sigma)(T-t)}(\sigma+1)^j - K)^+ \frac{\tilde{\lambda}(T-t)^j}{j!}e^{-\tilde{\lambda}(T-t)}$$

$$= \sum_{j=0}^{\infty}(se^{-\tilde{\lambda}\sigma(T-t)}(\sigma+1)^j - Ke^{-r(T-t)})^+ \frac{\tilde{\lambda}(T-t)^j}{j!}e^{-\tilde{\lambda}(T-t)}.$$

4.6　习　　题

1. 推导欧式看跌期权的定价公式.

2. 证明欧式看涨期权 $c(t)$ 和看跌期权 $p(t)$ 之间满足如下关系式 (欧式看涨看跌期权平价公式):

$$c(t) + Ke^{-r(T-t)} = p(t) + S(t).$$

3. 若在风险中性测度 $\widetilde{P}$ 下, 原生资产满足

$$dS(t) = (r - q)S(t)dt + \sigma S(t)d\widetilde{W}(t),$$

其中 q 为常数红利率. 求欧式看涨期权的定价公式.

4. 求欧式看涨期权价格对原生资产的变化率, 即 $\dfrac{\partial V(t, s)}{\partial s}$.

5. 欧式看涨期权定价公式中, 若参数 s, K, r, σ 的值分别增加, 对应的期权价格是增加还是减少?

6. 假设原生资产 $S(t)$ 服从广义几何布朗运动:

$$\frac{dS(t)}{S(t)} = \mu(t)dt + \sigma(t)dW(t),$$

其中 $\mu(t), \sigma(t)$ 以及无风险利率 $r(t)$ 都为适应的随机过程, 求风险中性测度下原生资产满足的随机微分方程.

7. 假设原生资产 $S(t)$ 服从几何布朗运动:

$$\frac{dS(t)}{S(t)} = \mu dt + \sigma dW(t),$$

无风险利率为适应的随机过程 $r(t)$, 求欧式看涨期权的定价公式.

8. 假设原生资产 $S(t)$ 服从常系数弹性方程模型:

$$dS(t) = \mu S(t)dt + \sigma S^{\alpha}(t)dW(t),$$

其中 $\mu, \sigma > 0, \alpha \in (0, 1)$ 为常数, 利用 Δ-对冲推导该模型下欧式看涨期权满足的偏微分方程.

第 5 章　美式期权定价

期权按合约中有关实施的条款来划分, 可分为欧式期权和美式期权, 前者只能在合约规定的到期日执行, 后者可以在合约规定的到期日之前 (包括到期日) 任何一个工作日执行. 美式期权本质上是一张具有提前实施条款的期权合约. 由于存在提前执行的问题, 美式期权持有人在任意的交易日 t 都面临着继续持有期权和执行期权协议的选择. 对应地, 美式期权存在两个区域: 一个是继续持有区域 (continuation region), 另一个是终止持有区域 (stopping region). 并且在两个区域的交界处有一条边界, 我们将它称为最佳执行边界 (optimal exercise boundary). 这意味着原生资产的价格随着时间发生变化, 美式期权持有人最优的选择是根据当前原生资产价格落在哪个区域来判断是否执行.

如图 5.1所示, 当标的资产 $S(t)$ 处于继续持有区域 Σ_1 中时, 美式期权持有人选择继续持有期权; 当标的资产触碰到最佳执行边界 $b(t)$ 即将进入终止持有区域 Σ_2 时, 美式期权持有人选择立即执行期权协议, 并且标的资产首次触碰到最佳执行边界的时刻 τ^* 是美式期权的最佳执行时刻. 由于标的资产的变化路径本身就是随机的, 因此, 最佳的执行时刻也是随机的, 这意味着美式期权定价问题也可以表述为如下的最优停时问题.

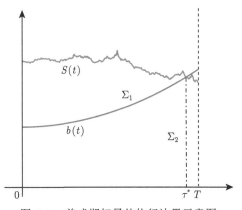

图 5.1　美式期权最佳执行边界示意图

定义 5.1　在风险中性测度 $\widetilde{P}$ 下, 美式看跌期权的定价公式可表示为

$$V(t, S(t)) = \sup_{\tau \in \Gamma_{t,T}} \widetilde{E}\left[e^{-r(\tau-t)}(K - S(\tau))^+ | \mathcal{F}(t)\right], \tag{5.1}$$

其中 $\Gamma_{t,T}$ 表示关于域流 $\mathcal{F}(u)$，$t \leqslant u \leqslant T$ 的所有停时的集合, 这些停时的取值在 $[t,T]$ 之间.

文献 [9, 26] 系统介绍了美式期权定价和自由边界问题. 本章将重点介绍美式期权定价的积分方程方法.

5.1　美式期权定价方程

同欧式期权定价问题求解过程一样, 我们首先利用 Δ-对冲的技巧推导出美式期权满足的关系式. 假定 t 时刻美式看跌期权的价格为 $V(t, S(t))$, 继续持有区域为 Σ_1, 终止持有区域为 Σ_2, 最佳实施边界为 $b(t)$. 在继续持有区域 Σ_1 内, 期权在 t 时刻的价格应该大于 t 时刻执行获得的收益, 即

$$V(t, S(t)) > (K - S(t))^+,$$

否则将立即执行来获得更大的收益. 在终止持有区域 Σ_2 内, 由于期权已经执行, 对应的期权的价格为

$$V(t, S(t)) = (K - S(t))^+.$$

从上面的分析不难看出, 当 $S(t) \geqslant K$ 时, 若执行将获得的收益为零, 所以应当继续持有. 因此, 当 $S(t) \geqslant K$ 时, $S(t) \in \Sigma_1$. 由此可见 Σ_1 的边界, 即最佳实施边界: $b(t) \in (0, K)$. 并且

$$\Sigma_1 : \{S(t) | b(t) \leqslant S(t) < \infty, 0 \leqslant t \leqslant T\},$$

$$\Sigma_2 : \{S(t) | 0 \leqslant S(t) \leqslant b(t), 0 \leqslant t \leqslant T\}.$$

在继续持有区域 Σ_1 中, 利用 Δ-对冲策略, 构造投资组合:

$$\Pi = V - \Delta S,$$

选取适当的 Δ, 使得在 $(t, t+dt)$ 内, Π 是无风险的. 假设无风险利率为 r. 因此, 在时刻 $t+dt$, 投资组合的回报是

$$\frac{\Pi(t+dt) - \Pi(t)}{\Pi(t)} = rdt.$$

美式期权通常会考虑原生资产按一定比率连续支付红利 (dividend) 的情形. 所谓红利指的是持有原生资产 (例如: 股票) 获得的原生资产发行企业的分红, 也可简单将其视作原生资产的利息 (例如: 股息). 假设红利率为 q, 则

$$\Pi(t+dt) = V(t+dt) - \Delta S(t+dt) - \Delta S(t)qdt.$$

上式的最后一项表示在 $(t, t+dt)$ 内持有原生资产可获得的红利. 因此,

$$dV(t, S(t)) - \Delta dS(t) - \Delta S(t)qdt = r(V(t, S(t)) - \Delta S(t))dt. \qquad (5.2)$$

由伊藤公式

$$dV(t, S(t)) = \Big(V_t(t, S(t)) + \mu S(t)V_x(t, S(t)) + \frac{1}{2}\sigma^2 S^2(t)V_{xx}(t, S(t))\Big)dt$$
$$+ \sigma S(t)V_x(t, S(t))dW(t).$$

将其代入式(5.2)可得

$$\Big(V_t(t, S(t)) + \mu S(t)V_x(t, S(t)) + \frac{1}{2}\sigma^2 S^2(t)V_{xx}(t, S(t)) - \Delta\mu S(t)\Big)dt$$
$$- \Delta S(t)qdt + \big(\sigma S(t)V_x(t, S(t)) - \Delta\sigma S(t)\big)dW(t) \qquad (5.3)$$
$$= r\big(V(t, S(t)) - \Delta S(t)\big)dt.$$

由于等式右端是无风险的, 即不含 $dW(t)$ 项, 因此等式左端随机项 $dW(t)$ 系数必为 0, 即

$$\Delta = V_x(t, S(t)).$$

将它代入式(5.3), 并消去 dt, 令 $S(t) = s$ 可得

$$\mathcal{L}[V(t, s)] = 0, \quad s \in \Sigma_1, \ t \in [0, T], \qquad (5.4)$$

其中

$$\mathcal{L}[V] = V_t + (r-q)sV_s + \frac{1}{2}\sigma^2 s^2 V_{ss} - rV. \qquad (5.5)$$

在最佳实施边界 $b(t)$ 上,

$$V(t, b(t)) = K - b(t), \qquad (5.6)$$

$$V_x(t, b(t)) = -1. \qquad (5.7)$$

再结合终值条件

$$V(T, s) = (s - K)^+, \qquad (5.8)$$

就得到了刻画美式看跌期权价格变化的偏微分方程: $(5.4) \sim (5.8)$. 值得注意的是, 边界 $b(t)$ 仍是未知的. 该问题在数学上是一个抛物型方程的自由边界问题.

此外, 在终止持有区域 Σ_2 中, 对于同样的 Δ-对冲策略, 对于同样的投资组合:

$$\Pi = V - V_x S,$$

在时刻 $t + dt$, 投资组合的回报应当满足

$$\frac{\Pi(t + dt) - \Pi(t)}{\Pi(t)} < rdt.$$

这是因为, 若回报大于等于购买无风险资产的收益, 那么美式期权持有人将继续持有期权. 只有当回报小于购买无风险资产的收益时, 期权持有人才会终止持有期权, 并且将执行期权所获得的收益用于购买无风险资产以获得更大的收益. 这就意味着

$$\mathcal{L}[V(t,s)] < 0, \quad s \in \Sigma_2, \ t \in [0, T], \tag{5.9}$$

综上所述, 美式期权定价问题还可以描述为如下模型:

(i) 在继续持有区域 Σ_1 上,

$$V(t,s) > (K - s)^+, \quad \mathcal{L}[V(t,s)] = 0;$$

(ii) 在终止持有区域 Σ_2 上,

$$V(t,s) = (K - s)^+, \quad \mathcal{L}[V(t,s)] < 0;$$

(iii) 在终止时刻 T,

$$V(T,s) = (K - s)^+.$$

综合上述情况, 定义区域 $\Sigma = \Sigma_1 \cup \Sigma_2 \cup b(t)$, 即

$$\Sigma : \{S(t)|0 \leqslant S(t) < \infty, \ 0 \leqslant t \leqslant T\},$$

美式看跌期权定价问题可表示为

$$\begin{cases} \min\{-\mathcal{L}[V], V - (K - s)^+\} = 0, & (\Sigma) \\ V(T,s) = (K - s)^+, & (0 \leqslant s < \infty) \end{cases} \tag{5.10}$$

其中

$$\mathcal{L}[V] = V_t + (r - q)sV_s + \frac{1}{2}\sigma^2 s^2 V_{ss} - rV. \tag{5.11}$$

上述模型也称为美式期权定价的变分不等式模型.

5.2　美式期权定价积分方程

上一节, 我们利用 Δ-对冲的技巧, 推导出了美式期权定价的偏微分方程. 接下来我们将从风险中性测度的角度将美式期权价格表示为风险中性测度下条件期望的形式.

根据 4.3 节的讨论, 可定义风险中性测度 $\widetilde{P}$ 下的布朗运动:

$$\widetilde{W}(t) = W(t) + \theta t,$$

其中,

$$\theta = \frac{\mu - r}{\sigma}.$$

在不支付红利的情况下, 原生资产在风险中性测度下满足

$$dS(t) = rS(t)dt + \sigma S(t)d\widetilde{W}(t).$$

在按红利率 q 连续支付红利的情形下, 原生资产在风险中性测度下满足

$$dS(t) = (r - q)S(t)dt + \sigma S(t)d\widetilde{W}(t).$$

美式期权持有人可依赖当前时刻获取的所有信息, 来决定是否停止持有期权. 在风险中性测度 $\widetilde{P}$ 下, 美式看跌期权的定价公式可表示为

$$V(t, S(t)) = \sup_{\tau \in \Gamma_{t,T}} \widetilde{E}\left[e^{-r(\tau - t)}(K - S(\tau))^+ | \mathcal{F}(t) \right], \tag{5.12}$$

其中 $\Gamma_{t,T}$ 表示关于域流 $\mathcal{F}(u)$, $t \leqslant u \leqslant T$ 的所有停时的集合, 这些停时的取值在 $[t, T]$ 中. 接下来, 我们利用随机分析的手段推导美式期权在概率意义下的分解形式.

定理 5.2.1 美式看跌期权可分解为

$$V(t, S(t)) = V_E(t, S(t)) + V_e(t, S(t)), \tag{5.13}$$

其中 V_E 为欧式看跌期权的风险中性表达式:

$$V_E(t, S(t)) = \widetilde{E}[e^{-r(T-t)}(K - S(T))^+ | \mathcal{F}(t)], \tag{5.14}$$

V_e 为提前执行期权金的风险中性表达式:

$$V_e(t, S(t)) = \int_t^T e^{-r(u-t)}\widetilde{E}\left[(rK - qS(u))I_{\Sigma_2}(S(u)) \big| \mathcal{F}(t)\right]du, \tag{5.15}$$

这里的 I 为指示函数, 表示

$$I_{\Sigma_2}(x) = \begin{cases} 1, & x \in \Sigma_2, \\ 0, & x \notin \Sigma_2. \end{cases}$$

证明 对贴现的美式期权 $e^{-rt}V(t,S(t))$ 使用伊藤公式:

$$
\begin{aligned}
d\big(e^{-rt}V(t,S(t))\big) =&e^{-rt}\big[-rV(t,S(t))dt + V_t(t,S(t))dt\\
&+ V_s(t,S(t))dS(t) + \tfrac{1}{2}V_{ss}(t,S(t))(dS(t))^2\big]\\
=&e^{-rt}\big[\big(-rV(t,S(t)) + V_t(t,S(t)) + (r-q)S(t)V_s(t,S(t))\\
&+ \tfrac{1}{2}\sigma^2 S^2(t)V_{ss}(t,S(t))\big)dt + \sigma S(t)V_s(t,S(t))d\widetilde{W}(t)\big].
\end{aligned}
$$

记为

$$
d\big(e^{-rt}V(t,S(t))\big) = e^{-rt}\big[\mathcal{L}[V(t,S(t))]dt + \sigma S(t)V_s(t,S(t))d\widetilde{W}(t)\big].
$$

从 t 到 T 进行积分可以得到

$$
\begin{aligned}
&e^{-rT}V(T,S(T)) - e^{-rt}V(t,s(t))\\
&= \int_t^T e^{-ru}\big[\mathcal{L}[V(u,S(u))]du + \sigma S(u)V_s(u,S(u))d\widetilde{W}(u)\big].
\end{aligned}
$$

在等式两边乘上 e^{rt} 再取条件期望后,

$$
\begin{aligned}
&\widetilde{E}\big[e^{-r(T-t)}V(T,S(T))|\mathcal{F}(t)\big] - V(t,S(t))\\
=&\widetilde{E}\left[\int_t^T e^{-r(u-t)}\big[\mathcal{L}[V(u,S(u))]du + \sigma S(u)V_s(u,S(u))d\widetilde{W}(u)\big]\Big|\mathcal{F}(t)\right]\\
=&\widetilde{E}\left[\int_t^T e^{-r(u-t)}\mathcal{L}[V(u,S(u))]du\Big|\mathcal{F}(t)\right].
\end{aligned}
$$

交换积分顺序再整理后可得

$$
\begin{aligned}
&V(t,S(t)) - \widetilde{E}\big[e^{-r(T-t)}V(T,S(T))|\mathcal{F}(t)\big]\\
&= \int_t^T e^{-r(u-t)}\widetilde{E}\big[-\mathcal{L}[V(u,S(u))]\big|\mathcal{F}(t)\big]du.
\end{aligned}\tag{5.16}
$$

由于在到期日 T 时刻, 美式期权必须执行, 即 $V(T,S(T)) = (K-S(T))^+$. 所以

$$
\widetilde{E}\big[e^{-r(T-t)}V(T,S(T))|\mathcal{F}(t)\big] = \widetilde{E}\big[e^{-r(T-t)}(K-S(T))^+|\mathcal{F}(t)\big] = V_E(t,S(t)).
$$

在继续持有区域

$$
\Sigma_1 = \{S(t)|b(t) \leqslant S(t) < \infty, 0 \leqslant t \leqslant T\},
$$

根据式(5.4), 有

$$\mathcal{L}[V(t, S(t))] = 0.$$

在终止持有区域

$$\Sigma_2 = \{S(t)|0 \leqslant S(t) \leqslant b(t), 0 \leqslant t \leqslant T\},$$

对应的期权的价格为

$$V(t, S(t)) = (K - S(t))^+.$$

又由于 $S(t) \leqslant b(t) < K$,

$$V(t, S(t)) = K - S(t).$$

此时,

$$\mathcal{L}[V(t, S(t))] = -r(K - S(t)) - (r - q)S(t) = -rK + qS(t).$$

综上所述, 式 (5.16) 可改写为

$$V(t, S(t)) - V_E(t, S(t)) = \int_t^T \mathrm{e}^{-r(u-t)} \widetilde{\mathrm{E}}\big[(rK - qS(u))I_{\Sigma_2}(S(u))\big|\mathcal{F}(t)\big]du. \quad \square$$

通过求解(5.14)和(5.15), 我们可以得到如下公式 (另参见文献 [12]).

定理 5.2.2 美式看跌期权可分解为

$$V(t, s) = V_E(t, s) + V_e(t, s), \tag{5.17}$$

其中 V_E 是欧式看跌期权的定价:

$$V_E(t, s) = K\mathrm{e}^{-r(T-t)}N(-d_2(s, T-t, K)) - s\mathrm{e}^{-q(T-t)}N(-d_1(s, T-t, K)), \tag{5.18}$$

$$d_1(s, T-t, K) = \frac{\ln \frac{s}{K} + (r + \frac{\sigma^2}{2})(T-t)}{\sigma\sqrt{T-t}}, \tag{5.19}$$

$$d_2(s, T-t, K) = d_1 - \sigma\sqrt{T-t}. \tag{5.20}$$

V_e 是提前执行期权金, 其表达式为

$$V_e(t, s) = \int_t^T \Big[rK\mathrm{e}^{-r(u-t)}N\big(-d_2(s, u-t, b(u))\big)$$
$$- qs\mathrm{e}^{-q(u-t)}N\big(-d_1(s, u-t, b(u))\big)\Big]du, \tag{5.21}$$

这里的 $b(u), u \in [t, T]$ 为最佳执行边界.

证明 我们首先通过计算(5.14)得到如下表达式:

$$\widetilde{E}\left[e^{-r(T-t)}(K-S(T))^+\big|S(t)=s\right]$$

$$=\int_{-\infty}^{\infty}e^{-r(T-t)}(K-x)^+dP(x,T)$$

$$=\int_0^K e^{-r(T-t)}(K-x)dP(x,T)$$

$$=Ke^{-r(T-t)}N(-d_2(s,T-t,K))-se^{-q(T-t)}N(-d_1(s,T-t,K)).$$

这里的 $P(x,T)$ 表示 $S(T)$ 的概率分布函数. 在上一章中, 我们已经知道了上面这个积分的求解过程, 这里我们可以利用这个关系式, 通过变量替换的方式计算(5.15)得到

$$\widetilde{E}\left[e^{-r(u-t)}(rK-qS(u))I_{\Sigma_2}(S(u))\big|S(t)=s\right]$$

$$=\int_{-\infty}^{\infty}e^{-r(u-t)}(rK-qx)I_{\Sigma_2}(x)dP(x,u)$$

$$=\int_0^{b(u)}e^{-r(u-t)}(rK-qx)dP(x,u)$$

$$=rKe^{-r(u-t)}N\big(-d_2(s,u-t,b(u))\big)-qse^{-q(u-t)}N\big(-d_1(s,u-t,b(u))\big).$$

代入定理 5.2.1 可得 V_E 和 V_e 的表达式.   □

要通过积分方程的方法求解美式期权的价格, 首先要求出最佳执行边界 $b(t)$. 在金融意义下, 最佳执行边界是判断当前时刻美式期权合约是否应当提前实施的重要依据.

定理 5.2.3 美式看跌期权的最佳实施边界 $b(t)$ 满足如下积分方程:

$$K-b(t)=Ke^{-r(T-t)}N(-d_2(b(t),T-t,K))-b(t)e^{-q(T-t)}N(-d_1(b(t),T-t,K))$$

$$+\int_t^T\big[rKe^{-r(u-t)}N\big(-d_2(b(t),u-t,b(u))\big)$$

$$-qb(t)e^{-q(u-t)}N\big(-d_1(b(t),u-t,b(u))\big)\big]du.$$

$$(5.22)$$

证明 实际上, 只需令 (5.17) 中 $s=b(t)$, 此时标的资产的价格刚好碰到最佳执行边界, 应当立即执行期权协议. 又因为 $b(t)\leqslant K$, 此时执行美式期权获得的收益为

$$V(t,s)=K-b(t).\tag{5.23}$$

因此,

$$K - b(t) = V_E(t, b(t)) + V_e(t, b(t)), \tag{5.24}$$

即

$$K - b(t) = K\mathrm{e}^{-r(T-t)}N(-d_2(b(t), T-t, K)) - b(t)\mathrm{e}^{-q(T-t)}N(-d_1(b(t), T-t, K))$$

$$+ \int_t^T \Big[rK\mathrm{e}^{-r(u-t)}N\big(-d_2(b(t), u-t, b(u))\big)$$

$$- qb(t)\mathrm{e}^{-q(u-t)}N\big(-d_1(b(t), u-t, b(u))\big)\Big]du. \qquad \Box$$

这是一个关于函数 $b(t)$, $t \in [0, T]$ 的非线性积分方程. 该方程没有解析解, 在后面我们会介绍如何用数值计算的方法进行近似计算. 接下来, 我们来求最佳实施边界终值条件.

定理 5.2.4 美式看跌期权的最佳实施边界在终止时刻 T 满足:

$$b(T) = \min\left\{K, \frac{rK}{q}\right\}. \tag{5.25}$$

证明 若 $q \leqslant r$, 我们只需证明 $b(T) = K$. 实际上, 前面我们已经讨论过, 因为美式期权的价格不应该为 0, 因此 $b(t) \leqslant K$, $t \in [0, T]$. 若 T 时刻 $b(T) \neq K$, 则 $b(T) < K$. 那么对充分小的 $\varepsilon > 0$, 在期权继续持有区域

$$\Sigma_1 = \{S(t) | b(t) \leqslant S(t) < \infty, 0 \leqslant t \leqslant T\}$$

中存在区域:

$$\Omega_1 : \{S(t) | b(t) < S(t) < K, T - \varepsilon \leqslant t \leqslant T\},$$

使得 $\mathcal{L}V = 0$, 即

$$V_t(t, s) + (r-q)sV_s(t, s) + \frac{1}{2}\sigma^2 s^2 V_{ss}(t, s) - rV(t, s) = 0.$$

又由于在 T 时刻,

$$V(T, S(T)) = (K - S(T))^+.$$

因此在 $t = T$ 时, $b(T) < S(T) = s < K$ 区域内, 有

$$V_t|_{t=T} = -\left[(r-q)sV_s + \frac{1}{2}\sigma^2 s^2 V_{ss} - rV\right]_{t=T}$$

$$= -\left[(r-q)s\frac{d(K-s)}{ds} + \frac{1}{2}\sigma^2 s^2 \frac{d^2(K-s)}{ds^2} - r(K-s)\right]_{t=T}$$

$$= rK - qs.$$

由于 $q \leqslant r$, $s < K$, 因此

$$V_t|_{t=T} > 0.$$

这意味着在区域 Ω_1 内, 有

$$V(t, S(t)) < V(T, S(T)) = (K - S(T))^+.$$

这与在继续持有区域 Σ_1 上 $V(t, S(t)) \geqslant (K - S(T))^+$ 的性质矛盾, 因此 $b(T) = K$.

若 $q > r$, 我们需证明 $b(T) = \dfrac{rK}{q}$. 和前面证明方式类似, 我们同样用反证法证明. 若 $b(T) < \dfrac{rK}{q} < K$, 可利用与前一部分证明类似的方法, 在继续持有区间 Σ_1 中, 存在区间

$$\Omega_2 : \left\{ S(t) \big| b(t) < S(t) < \frac{rK}{q}, T - \varepsilon \leqslant t \leqslant T \right\},$$

使得

$$V_t|_{t=T} = rK - qs > 0,$$

进而得到

$$V(t, S(t)) < V(T, S(T)) = (K - S(T))^+.$$

这与 Σ_1 上 $V(t, S(t)) \geqslant (K - S(T))^+$ 的性质矛盾, 因此 $b(T) \geqslant \dfrac{rK}{q}$. 接下来, 若 $b(T) > \dfrac{rK}{q}$, 由于 $b(t) \leqslant K$, 在期权终止持有区域

$$\Sigma_2 = \{ S(t) | 0 \leqslant S(t) \leqslant b(t), 0 \leqslant t \leqslant T \}$$

中存在区域:

$$\Omega_3 : \left\{ S(t) \Big| \frac{rK}{q} < S(t) \leqslant b(t), T - \varepsilon \leqslant t \leqslant T \right\},$$

使得

$$V(t, s) = K - s.$$

此时,

$$\mathcal{L}V = qs - rK > 0.$$

这与终止持有区域 Σ_2 上 $\mathcal{L}V < 0$ 矛盾. 因此

$$b(T) = \frac{rK}{q}.$$

综上所述,

$$b(T) = \min\left\{K, \frac{rK}{q}\right\}. \qquad \square$$

5.3 积分方程求解的数值方法

本节, 我们介绍一种求解积分方程 (5.22) 的数值方法. 注意到积分方程 (5.22) 中未知变量除了 t 时刻的 $b(t)$, 还有 u 时刻, $u \in [t,T]$ 的 $b(u)$. 因此, 我们考虑将时间范围进行剖分, 使得每个剖分的节点上只需要求解一个未知变量, 再通过递推的方式求出每个时间节点上的最佳执行边界.

具体而言, 首先将时间区间 $[0,T]$ 划分为 n 个等距的子区间 $[t_i, t_{i+1}]$, $i = 0, 1, \cdots, n-1$. 令 $h = \dfrac{T}{n}$, 则 $t_i = ih$. 令方程 (5.22) 中 $t = t_{n-1}$, 有

$$
\begin{aligned}
K - b(t_{n-1}) =& K\mathrm{e}^{-r(T-t_{n-1})}N(-d_2(b(t_{n-1}), T - t_{n-1}, K)) \\
& - b(t_{n-1})\mathrm{e}^{-q(T-t_{n-1})}N(-d_1(b(t_{n-1}), T - t_{n-1}, K)) \\
& + \int_{t_{n-1}}^{T} \big[rK\mathrm{e}^{-r(u-t_{n-1})}N\big(-d_2(b(t_{n-1}), u - t_{n-1}, b(u))\big) \\
& - qb(t_{n-1})\mathrm{e}^{-q(u-t_{n-1})}N\big(-d_1(b(t_{n-1}), u - t_{n-1}, b(u))\big)\big]du.
\end{aligned}
$$

在充分小的积分区间内, 对于一阶可导的函数 f, 存在 $\xi \in [t_i, t_{i+1}]$ 满足

$$\int_{t_i}^{t_{i+1}} f(u)du - hf(t_{i+1}) = hf'(\xi).$$

随着 n 趋向于无穷, $hf'(\xi)$ 趋向于 0. 因此, 我们可以用 $hf(t_{i+1})$ 作为小区间上 f 积分的近似. 于是有

$$
\begin{aligned}
K - b(t_{n-1}) \approx& K\mathrm{e}^{-rh}N(-d_2(b(t_{n-1}), h, K)) - b(t_{n-1})\mathrm{e}^{-qh}N(-d_1(b(t_{n-1}), h, K)) \\
& + h\big[rK\mathrm{e}^{-rh}N\big(-d_2(b(t_{n-1}), h, b(T))\big) \\
& - qb(t_{n-1})\mathrm{e}^{-qh}N\big(-d_1(b(t_{n-1}), h, b(T))\big)\big].
\end{aligned}
$$

令 b^{n-1} 为 $b(t_{n-1})$ 的近似, 使得

$$
\begin{aligned}
K - b^{n-1} =&\, Ke^{-rh}N(-d_2(b^{n-1}, h, K)) - b^{n-1}e^{-qh}N(-d_1(b^{n-1}, h, K)) \\
&+ h\big[rKe^{-rh}N\big(-d_2(b^{n-1}, h, b(T))\big) \\
&- qb^{n-1}e^{-qh}N\big(-d_1(b^{n-1}, h, b(T))\big)\big].
\end{aligned}
\tag{5.26}
$$

由于

$$
b(T) = \min\left\{K, \frac{rK}{q}\right\}
$$

是已知的, 因此方程 (5.26) 中只是关于变量 b^{n-1} 的非线性方程. 有许多数值方法可以得出这个非线性的方程的数值解, 例如: 二分法、牛顿迭代等, 在实际应用中也有许多可实现的工具, 例如: 直接调用 MATLAB 中的 "fsolve" 函数等.

对于任意时刻 $t = t_i$, 有

$$
\begin{aligned}
K - b(t_i) =&\, Ke^{-r(T-t_i)}N(-d_2(b(t_i), T-t_i, K)) \\
&- b(t_i)e^{-q(T-t_i)}N(-d_1(b(t_i), T-t_i, K)) \\
&+ \int_{t_i}^{T}\big[rKe^{-r(u-t_i)}N\big(-d_2(b(t_i), u-t_i, b(u))\big) \\
&- qb(t_i)e^{-q(u-t_i)}N\big(-d_1(b(t_i), u-t_i, b(u))\big)\big]du \\
=&\, Ke^{-r(n-i)h}N(-d_2(b(t_i), (n-i)h, K)) \\
&- b(t_i)e^{-q(n-i)h}N(-d_1(b(t_i), (n-i)h, K)) \\
&+ \sum_{j=i}^{n-1}\int_{t_j}^{t_{j+1}}\big[rKe^{-r(u-t_i)}N\big(-d_2(b(t_i), u-t_i, b(u))\big) \\
&- qb(t_i)e^{-q(u-t_i)}N\big(-d_1(b(t_i), u-t_i, b(u))\big)\big]du.
\end{aligned}
$$

类似地, 令 b^i 为 $b(t_i)$ 的近似, 使得

$$
\begin{aligned}
K - b^i =&\, Ke^{-r(n-i)h}N(-d_2(b^i, (n-i)h, K)) \\
&- b^ie^{-q(n-i)h}N(-d_1(b^i, (n-i)h, K)) \\
&+ \sum_{j=i}^{n-1}h\big[rKe^{-r(j-i+1)h}N\big(-d_2(b^i, (j-i+1)h, b(j+1))\big) \\
&- qb^ie^{-q(j-i+1)h}N\big(-d_1(b^i, (j-i+1)h, b(j+1))\big)\big].
\end{aligned}
$$

由于 b^{j+1}, $j = i, \ldots, n-1$ 的值都已经通过上面介绍的方法求解出来了, 因此, 对于任意时刻 $t = t_i$, 我们只需要通过数值方法求解一个关于 b^i 的非线性方程. 最终, 我们可以得到最佳执行边界的数值解 b^i, $i = 0, 1, \cdots, n-1$.

下面给出利用积分方程数值方法求解最优执行边界的 MATLAB 程序.

```
function IntEquation(r,v,q,K,n)
h=1/(n-1); b=zeros(1,n+1);   b(n+1)=min(K,r/q*K);
d1=@(x1,x2,x3) (log(x1/x3)+(r+v^2/2)*x2)/(v*sqrt(x2));
d2=@(x1,x2,x3) d1(x1,x2,x3)-v*sqrt(x2);
f1=@(x1,x2,x3) K*exp(-r*x2)*normcdf(-d2(x1,x2,x3))-x1*exp
    (-q*x2)*normcdf(-d1(x1,x2,x3));
f2=@(x1,x2,x3) r*K*exp(-r*x2)*normcdf(-d2(x1,x2,x3))-q*x1*
    exp(-q*x2)*normcdf(-d1(x1,x2,x3));
f=@(x1,x2) f1(x1,x2,K)+h*f2(x1,x2,b(n+1));
for i=1:n
    x0=b(n+2-i);
    ff=@(x) f(x,h)-K+x;
    x=fsolve(ff,x0);
    b(n+1-i)=x;
    f=@(x1,x2) f(x1,x2+h)+h*f2(x1,x2,b(n-i));
end
plot(0:h:1+h,b)
end
```

该数值方法的误差主要来自于两个方面: 数值积分带来的误差和数值求解非线方程产生的误差. 由于积分方程 (5.22) 中的积分项关于时间方向是具有一阶连续导数的, 因此数值积分产生的误差是随着时间步长增大而减小的. 解非线性方程产生的误差取决于采用的数值方法, 这部分的误差通常也是可控的.

5.4　习　　题

1. 已知原生资产在风险中性测度下满足

$$dS(t) = (r-q)S(t)dt + \sigma S(t)dW(t).$$

求出式 (5.12) 中 $S(\tau)$ 在风险中性测度下的具体表达式, 并分别给出美式看涨期权 $(C(S(0), K, r, q, T))$、看跌期权 $(P(S(0), K, r, q, T))$ 的具体表达式.

2. 已知 $W(t)$ 为测度 P 下的布朗运动, 定义 $Z(t) = \mathrm{e}^{\sigma W(t) - \frac{\sigma^2}{2}t}$, $\dfrac{d\widetilde{P}}{dP} = Z(t)$, 证明: $\widetilde{W}(t) = W(t) - \sigma t$ 为 $\widetilde{P}$ 测度下的布朗运动.

3. 利用第 1、2 题的结论证明:

$$C(S(0), K, r, q, T) = P(K, S(0), q, r, T).$$

4. 证明:

$$(K - S(0))^+ \leqslant P(S(0), K, r, q, T) \leqslant K.$$

5. 证明:

$$S(0) - K \leqslant C(S(0), K, r, q, T) - P(S(0), K, r, q, T) \leqslant S(0) - K\mathrm{e}^{-rT}.$$

6. 若 $S(0)$, K, r, q, σ, T 的值分别增大, 美式看涨期权 $C(S(0), K, r, q, T)$ 对应的值该如何变化?

7. 将美式看涨期权分解为欧式看涨期权和提前执行期权金之和, 并给出对应的自由边界满足的积分方程.

8. 求出美式看涨期权的自由边界在 T 时刻满足的条件.

9. 利用积分方程数值方法编程求解美式看涨期权自由边界.

10. 假设原生资产 $S(t)$ 在风险中性测度下服从常系数弹性方程模型:

$$dS(t) = rS(t)dt + \sigma S^{\alpha}(t)dW(t),$$

其中 $\alpha \in (0, 1)$ 为常数, 写出该模型下美式看涨期权满足的偏微分方程、提前执行期权金的表达式以及自由边界满足的积分方程.

11. 假设原生资产 $S(t)$ 在风险中性测度下服从赫斯顿 (Heston) 模型:

$$dS(t) = rS(t)dt + \sqrt{V(t)}S(t)dW_1(t),$$

$$dV(t) = (a - bV(t))dt + \sigma\sqrt{V(t)}dW_2(t),$$

其中 a, b, σ 为正常数, $dW_1(t)dW_2(t) = \rho dt$, $\rho \in (-1, 1)$. 写出该模型下美式看涨期权满足的偏微分方程、提前执行期权金的表达式以及自由边界满足的积分方程.

第 6 章　连续时间最优投资模型

在本章中, 我们将概述金融数学中的连续时间最优投资问题. 这些问题的解决方法将在后面详述. 假设金融市场中只有两种可投资的金融产品: 一种无风险资产和一种风险资产.

假设无风险利率为 r, 则无风险资产 $B(t)$ 满足

$$dB(t) = rB(t)dt.$$

假设风险资产 $S(t)$ 服从几何布朗运动, 即

$$\frac{dS(t)}{S(t)} = \mu dt + \sigma dW(t),$$

其中 μ 表示期望回报率, σ 表示波动率, $W(t)$ 为标准布朗运动. 假设投资人拥有的财富为 $X(t)$, 投资在风险资产中的比例为 $\pi(t)$. $X(t)$, $\pi(t)$ 都是 $\mathcal{F}(t)$ 适应的随机过程, 并且满足 $\int_0^T X^2(t)dt < \infty$, $\int_0^T \pi^2(t)dt < \infty$. $\pi(t) \in \mathcal{A}$, 这里的 $\mathcal{A}$ 为所有可行的 $\pi(t)$ 形成的集合. 我们可以推出财富过程 $X(t)$ 满足如下的随机微分方程:

$$
\begin{aligned}
dX(t) &= d((1-\pi(t))X(t)) + d(\pi(t)X(t)) \\
&= (1-\pi(t))X(t)rdt + \pi(t)X(t)(\mu dt + \sigma dW(t)) \\
&= rX(t)dt + \pi(t)X(t)[(\mu - r)dt + \sigma dW(t)].
\end{aligned}
$$

我们用效用函数 $U : \mathbb{R}^+ \to \mathbb{R}$ 来刻画财富对欲望的满足程度, 并假设 U 是二阶可微, 单调递增 (即 $U'(x) > 0$), 严格上凸 (即 $U''(x) < 0$). 例如 $U(x) = \ln x$, $U(x) = \frac{x^p}{p}$, $0 < p < 1$ 等都可以作为效用函数.

最优投资问题的核心就是, 通过控制投资在无风险资产和风险资产之间的比例 $\pi(t)$, $t \in [0, T]$, 使得在最终时刻 T, 期望效用 $\mathrm{E}[U(X_T)]$ 达到最大, 即

$$\sup_{\pi \in \mathcal{A}} \mathrm{E}[U(X(T))|X(t) = x]. \tag{6.1}$$

文献 [13] 系统介绍了随机控制与金融应用, 文献 [14] 介绍了跳扩散模型的随机控制及应用. 随机控制问题对偶控制方法参见文献 [15-18].

6.1　动态规划原理及 HJB 方程

定义值函数 $V:[0,T]\times\mathbb{R}\to\mathbb{R}$:

$$V(t,x)=\sup_{\pi\in\mathcal{A}}\mathrm{E}[U(X(T))|X(t)=x]. \tag{6.2}$$

首先, 我们介绍动态规划原理. 第一步, 假设在时间段 $[t,t+h]$, 我们选择任意的控制过程 π, 根据重期望公式, 有

$$\begin{aligned}\mathrm{E}[U(X(T))|X_t=x]&=\mathrm{E}\big[\mathrm{E}[U(X(T))|\mathcal{F}(t+h)]|X(t)=x\big]\\&=\mathrm{E}\big[\mathrm{E}[U(X(T))|X(t+h)]|X(t)=x\big].\end{aligned}$$

由于

$$\begin{aligned}V(t+h,X(t+h))&=\sup_{\pi\in\mathcal{A}}\mathrm{E}[U(X(T))|X(t+h)]\\&\geqslant\mathrm{E}[U(X(T))|X(t+h)],\end{aligned}$$

因此,

$$\mathrm{E}[U(X(T))|X_t=x]\leqslant\mathrm{E}[V(t+h,X(t+h))|X(t)=x].$$

对上式两端分别关于控制过程 π 取上确界, 有

$$\begin{aligned}V(t,x)&=\sup_{\pi}\mathrm{E}[U(X(T))|X(t)=x]\\&\leqslant\sup_{\pi}\mathrm{E}[V(t+h,X(t+h))|X(t)=x].\end{aligned} \tag{6.3}$$

第二步, 在时间段 $[t+h,T]$, 对于任意的 $\varepsilon>0$, 必定存在控制过程 π^ε 使得

$$V(t+h,X(t+h))-\varepsilon<\mathrm{E}[U(X(T))|X(t+h)] \tag{6.4}$$

定义控制过程

$$\widehat{\pi}(s)=\begin{cases}\pi(s),&t\leqslant s\leqslant t+h,\\\pi^\varepsilon(s),&t+h<s\leqslant T.\end{cases}$$

值得注意的是, 在时间段 $[t,t+h]$ 上的控制过程 $\pi(s)$ 是任意的. 用 $X^{\widehat{\pi}}$ 表示控制过程为 $\widehat{\pi}$ 的财富过程. 于是, 根据重期望公式

$$\begin{aligned}V(t,x)&=\sup_{\pi}\mathrm{E}[U(X(T))|X(t)=x]\\&\geqslant\mathrm{E}[U(X^{\widehat{\pi}}(T))|X(t)=x]\\&=\mathrm{E}\big[\mathrm{E}[U(X^{\widehat{\pi}}(T))|X(t+h)]|X(t)=x\big].\end{aligned}$$

再根据式 (6.4) 可得

$$V(t,x) \geqslant \mathrm{E}[V(t+h, X(t+h)) - \varepsilon | X(t) = x]$$

$$= \mathrm{E}[V(t+h, X(t+h)) | X(t) = x] - \varepsilon.$$

在时间段 $[t, t+h]$ 上关于控制过程 π 取上确界可以得到

$$V(t,x) \geqslant \sup_{\pi} \mathrm{E}[V(t+h, X(t+h)) | X(t) = x] - \varepsilon.$$

令 ε 趋于 0, 就得到了

$$V(t,x) \geqslant \sup_{\pi} \mathrm{E}[V(t+h, X(t+h)) | X(t) = x]. \tag{6.5}$$

综合式 (6.3) 和 (6.5), 可以得到

$$V(t,x) = \sup_{\pi} \mathrm{E}[V(t+h, X(t+h)) | X(t) = x]. \tag{6.6}$$

该式称为动态规划原理.

接下来, 我们将利用动态规划原理推导值函数 $V(t,x)$ 满足的偏微分方程. 由伊藤公式,

$$dV = V_t dt + V_x dX + \frac{1}{2} V_{xx}(dX)^2$$

$$= [V_t + (rX + (\mu - r)\pi X)V_x + \frac{\sigma^2}{2}\pi^2 X^2 V_{xx}]dt + \sigma \pi X dW(t).$$

对上式从 t 到 $t+h$ 积分可得

$$V(t+h, X(t+h)) - V(t, X(t)) = \int_t^{t+h}\left[V_t + (rX + (\mu - r)\pi X)V_x \right.$$

$$\left. + \frac{\sigma^2}{2}\pi^2 X^2 V_{xx}\right]ds + \int_t^{t+h} \sigma \pi X dW(s).$$

代入动态规划原理 (6.6) 并消去 $V(t, X(t))$ 可得

$$0 = \sup_{\pi} \mathrm{E}\left[\int_t^{t+h}\left(V_t + (rX + (\mu - r)\pi X)V_x + \frac{\sigma^2}{2}\pi^2 X^2 V_{xx}\right)ds \Big| X(t) = x\right].$$

值得注意的是, $\pi(s)$, $X(s)$ 都是 $s \in [t, t+h]$ 上的随机过程. 当 h 趋于 0 时, $\pi(s)$ 趋于 $\pi(t)$, $X(s)$ 趋于 $X(t)$. 这里的 t 为当前时刻, 对应的 $\pi(t)$, $X(t)$ 的信息都是已知的, 因此 $\pi(t)$, $X(t)$ 都为实数. 假设 $\pi(t) = \pi$, $X(t) = x$. 令 h 趋于 0, 有

$$0 = \sup_{\pi \in \mathbb{R}} \left[V_t + (rx + (\mu - r)\pi x)V_x + \frac{\sigma^2}{2}\pi^2 x^2 V_{xx} \right].$$

整理后

$$V_t + rxV_x + \sup_{\pi \in \mathbb{R}} \left\{ (\mu - r)\pi x V_x + \frac{\sigma^2}{2}\pi^2 x^2 V_{xx} \right\} = 0.$$

其终值条件为

$$V(T, x) = \sup_{\pi} \mathrm{E}[U(X(T))|X(T) = x] = U(x).$$

该方程称为 HJB (Hamilton-Jacobi-Bellman) 方程.

实际上, 要 $(\mu - r)\pi x V_x + \frac{\sigma^2}{2}\pi^2 x^2 V_{xx}$ 关于 π 取得最大时, π 满足:

$$(\mu - r)xV_x + \sigma^2 \pi x^2 V_{xx} = 0,$$

即

$$\pi^* = -\frac{\mu - r}{\sigma^2}\frac{V_x}{xV_{xx}} = -\frac{\theta}{\sigma}\frac{V_x}{xV_{xx}},$$

其中 $\theta = \dfrac{\mu - r}{\sigma}$. 将其代回 HJB 方程,

$$V_t + rxV_x + (\mu - r)\frac{\theta}{\sigma}\frac{V_x}{xV_{xx}}xV_x + \frac{\sigma^2}{2}\frac{\theta^2}{\sigma^2}\frac{V_x}{x^2V_{xx}^2}x^2V_{xx} = 0.$$

化简整理后可得

$$\begin{cases} V_t(t, x) + rxV_x(t, x) - \dfrac{\theta^2}{2}\dfrac{V_x^2(t, x)}{V_{xx}(t, x)} = 0, \\ V(T, x) = U(x). \end{cases}$$

该方程是一个非线性的偏微分方程, 对于一般的效用函数 $U(x)$, 通常情况下是没有解析解的.

6.2 HJB 方程求解举例

本节, 我们将针对几种特殊效用函数求解其 HJB 方程.

例 6.2.1 效用函数为对数效用函数, 即

$$U(x) = \ln x.$$

对应的 HJB 方程为

$$\begin{cases} V_t(t,x) + rxV_x(t,x) - \dfrac{\theta^2}{2}\dfrac{V_x^2(t,x)}{V_{xx}(t,x)} = 0, \\ V(T,x) = \ln x. \end{cases} \tag{6.7}$$

我们假设该 HJB 方程的解满足

$$V(t,x) = g(x) + f(t), \quad f(T) = 0, \quad g(x) = \ln x.$$

因此,

$$V_t = f'(t), \quad V_x = g'(x) = \frac{1}{x}, \quad V_{xx} = g''(x) = -\frac{1}{x^2}.$$

将其代入 (6.7) 可得

$$f'(t) + rx \cdot \frac{1}{x} - \frac{1}{2}\theta^2 \frac{\left(\dfrac{1}{x}\right)^2}{-\dfrac{1}{x^2}} = 0.$$

化简后得

$$f'(t) + r + \frac{\theta^2}{2} = 0.$$

对上式两端积分可得

$$\int_t^T f'(s)ds = \int_t^T \left(-r - \frac{\theta^2}{2}\right)ds,$$

再结合边界条件

$$f(T) = 0,$$

可得出

$$f(t) = \left(r + \frac{\theta^2}{2}\right)(T - t).$$

进而有

$$V(t,x) = \ln x + \left(r + \frac{\theta^2}{2}\right)(T - t).$$

实际上, 我们还需要验证通过这种方式求出的 $V(t,x)$ 的确是最优的值函数. 这里我们略去这一步骤. 在求出值函数 $V(t,x)$ 后, 可进一步求出最优控制为

$$\pi^* = -\frac{\theta}{\sigma}\frac{V_x}{xV_{xx}} = -\frac{\theta}{\sigma}\frac{\dfrac{1}{x}}{-x\left(\dfrac{1}{x^2}\right)} = \frac{\theta}{\sigma}.$$

最优财富过程为

$$dX = rXds + \pi^* X((\mu - r)ds + \sigma dW(s)) \quad (s \geqslant t)$$
$$= X(r + \pi^*\sigma\theta)ds + X\pi^*\sigma dW(s),$$

即

$$X(s)^* = X(t)\mathrm{e}^{\pi^*\sigma(W_s - W_t) + \left(r + \pi^*\sigma\theta - \frac{1}{2}(\pi^*\sigma)^2\right)(s-t)}$$
$$= X(t)\mathrm{e}^{\left(r + \frac{\theta^2}{2}\right)(s-t) + \theta(W_s - W_t)},$$

其中 $s \in [t, T]$.

例 6.2.2　效用函数为指数效用函数, 即

$$U(x) = \frac{x^p}{p}, \quad 0 < p < 1.$$

对应的 HJB 方程为

$$\begin{cases} V_t(t,x) + rxV_x(t,x) - \dfrac{\theta^2}{2}\dfrac{V_x^2(t,x)}{V_{xx}(t,x)} = 0, \\ V(T,x) = \dfrac{x^p}{p}, \quad 0 < p < 1. \end{cases} \tag{6.8}$$

我们假设该 HJB 方程的解满足

$$V(t,x) = g(x)f(t), \quad f(T) = 1, \quad g(x) = \frac{x^p}{p}.$$

因此,

$$V_t = \frac{x^p}{p}f'(t), \quad V_x = x^{p-1}f(t), \quad V_{xx} = (p-1)x^{p-2}f(t).$$

将其代入 (6.8) 可得

$$\frac{x^p}{p}f'(t) + rxx^{p-1}f(t) - \frac{1}{2}\theta^2\frac{(x^{p-1}f(t))^2}{(p-1)x^{p-2}f(t)} = 0.$$

化简后得

$$\frac{x^p}{p}\left(f'(t) + prf(t) - \frac{1}{2}\theta^2 f(t)\frac{p}{p-1}\right) = 0.$$

消去 $\dfrac{x^p}{p}$,

$$f'(t) + \left(pr - \frac{1}{2}\theta^2\frac{p}{p-1}\right)f(t) = 0.$$

这是一个一阶线性常微分方程, 可直接求解得出

$$f(t) = c\mathrm{e}^{-(pr-\frac{1}{2}\theta^2\frac{p}{p-1})t},$$

其中 c 为任意常数. 再结合边界条件

$$f(T) = 1 = c\mathrm{e}^{-(pr-\frac{1}{2}\theta^2\frac{p}{p-1})T},$$

可得出

$$f(t) = \mathrm{e}^{-(pr-\frac{1}{2}\theta^2\frac{p}{p-1})(T-t)}.$$

进而有

$$V(t,x) = \frac{x^p}{p}\mathrm{e}^{-(pr-\frac{1}{2}\theta^2\frac{p}{p-1})(T-t)}.$$

实际上, 我们还需要验证通过这种方式求出的 $V(t,x)$ 的确是最优的值函数. 这里我们略去这一步骤. 在求出值函数 $V(t,x)$ 后, 可进一步求出最优控制为

$$\begin{aligned}
\pi^* &= -\frac{\theta}{\sigma}\frac{V_x}{xV_{xx}}\\
&= -\frac{\theta}{\sigma}\frac{x^{p-1}f(t)}{x(p-1)x^{p-2}f(t)}\\
&= \frac{\theta}{\sigma(1-p)},
\end{aligned}$$

最优财富过程为

$$\begin{aligned}
dX &= rXds + \pi^*X((\mu-r)ds + \sigma dW(s)) \quad (s \geqslant t)\\
&= X(r + \pi^*\sigma\theta)ds + X\pi^*\sigma dW(s)
\end{aligned}$$

即

$$\begin{aligned}
X^*(s) &= X(t)\mathrm{e}^{\pi^*\sigma(W_s-W_t)+\left(r+\pi^*\sigma\theta-\frac{1}{2}(\pi^*\sigma)^2\right)(s-t)}\\
&= X(t)\mathrm{e}^{\frac{\theta}{1-p}(W_s-W_t)+\left(r+\frac{(1-2p)\theta^2}{2(1-p)^2}\right)(s-t)},
\end{aligned}$$

其中 $s \in [t,T]$.

6.3 对偶控制方法

最优投资问题的对偶控制方法主要分为两个步骤:

步骤 1 找到最优的终止时刻的财富 $X^*(T)$;

步骤 2 找到能使财富过程在终止时刻达到最优值 $X^*(T)$ 的控制过程 π^*.

我们先进行步骤 1. 令 $Y(t)$ 为如下随机微分方程的解:

$$dY(t) = -rY(t)dt - \theta Y(t)dW(t), \quad Y(0) = y > 0.$$

即

$$Y(t) = ye^{-rt}\xi(t), \quad \xi(t) = e^{-\theta W(t) - \frac{1}{2}\theta^2 t},$$

这里的 $y > 0$ 是一个常数. 显然有

$$Y(t) > 0, \quad t \in [0, T].$$

由于财富过程 $X(t)$ 满足

$$dX(t) = rX(t)dt + \pi(t)X(t)[(\mu - r)dt + \sigma dW(t)], \quad X(0) = x > 0,$$

即

$$X(t) = xe^{\pi\sigma(W(t)) + (r + \pi\sigma\theta - \frac{1}{2}(\pi\sigma)^2)t} > 0, \quad t \in [0, T].$$

由伊藤公式可得

$$\begin{aligned}
d(XY) =& XdY + YdX + dXdY \\
=& X(-rYdt - \theta YdW(t)) + Y[rXdt + \pi X((\mu - r)dt + \sigma dW(t))] \\
& + (-\theta Y)\pi X\sigma dt \\
=& XY(-\theta + \pi\sigma)dW(t).
\end{aligned}$$

对上式积分后可得

$$X(T)Y(T) = X(0)Y(0) + \int_0^T XY(-\theta + \pi\sigma)dW(t).$$

由于上式最右端项是一个伊藤积分, 对上式两端取期望后可得

$$\mathrm{E}[X(T)Y(T)] = \mathrm{E}[X(0)Y(0)] = xy.$$

由于 $Y(t) = ye^{-rt}\xi(t)$, 因此

$$\mathrm{E}[X(T)e^{-rt}\xi(t)] = x.$$

接下来, 定义效用函数 U 的对偶函数 $\widetilde{U}$:

$$\widetilde{U}(y) = \sup_{x>0}(U(x) - xy).$$

下面我们就对偶函数的性质展开如下讨论:

引理 6.3.1 假设 U 满足下面条件:

1. U 是二阶连续可微的, 即 $U \in C^2_{(0,\infty)}$;
2. U 是单调递增的, 即 $U'(x) > 0$;
3. U 是严格上凸的, 即 $U''(x) < 0$;
4. U 满足稻田 (Inada) 条件, 即 $U'(0) = \lim_{x\downarrow 0} U'(x) = \infty, U'(\infty) = \lim_{x\to\infty} U'(x)$
   $= 0$;
5. $U(0) = \lim_{x\downarrow 0} U(x) = 0, U(\infty) = \lim_{x\to\infty} U(x) = U(\infty) = \infty, U(x) = -\infty,$
   $x < 0,$

那么其对偶函数 $\widetilde{U}(y)$ 满足

1. $\widetilde{U}(y)$ 是二阶连续可微的, 即 $\widetilde{U}'(y) \in C^2_{(0,\infty)}$;
2. $\widetilde{U}(y)$ 是单调递减的, 即 $\widetilde{U}(y) < 0$;
3. U 是严格下凸的, 即 $\widetilde{U}''(y) > 0$;
4. $\widetilde{U}(0) = \lim_{y\downarrow 0} \widetilde{U}(y) = \infty$;
5. $U(x) = \inf_{y>0}[\widetilde{U}(y) + xy], x > 0.$

证明 因为 $U \in C^2_{(0,\infty)}$, $U'(x) > 0$, $U''(x) < 0$, 所以 $U(x) - xy$ 取得最大时满足 $U'(x) = y$. 令 $g : (0,\infty) \to (0,\infty)$ 为 $U'(x)$ 的反函数. 因此

$$\widetilde{U}(y) = U(g(y)) - g(y)y, \quad y > 0.$$

于是

$$\begin{aligned}
\widetilde{U}'(y) &= U'(g(y))g'(y) - yg'(y) - g(y) \\
&= yg'(y) - yg'(y) - g(y) \\
&= -g(y) < 0.
\end{aligned}$$

并且

$$\widetilde{U}''(y) = -g'(y) = -\frac{1}{U''(g(y))} > 0.$$

由对偶函数 $\widetilde{U}(y)$ 的定义, 我们有 $\widetilde{U}(y) \geqslant U(x) - xy$, 对任意的 $x, y > 0$ 都成立, 因此 $\widetilde{U}(0) = \lim_{y\downarrow 0} \widetilde{U}(y) \geqslant U(\infty)$. 此外, 因为 U 是单调递增的, 所以对任意的 $y > 0$,

$$\widetilde{U}(y) \leqslant \sup_{x>0} U(x) = U(\infty). \text{ 因此 } \widetilde{U}(0) = U(\infty).$$ □

根据对偶函数的定义, 显然有

$$\widetilde{U}(y) \geqslant U(x) - xy, \quad \forall x, y > 0,$$

即

$$U(x) \leqslant \widetilde{U}(y) + xy, \quad \forall x, y > 0.$$

注意上式对于任意的 $x, y > 0$ 都成立, 由于 $X(T), Y(T) > 0$, 所以

$$U(X(T)) \leqslant \widetilde{U}(Y(T)) + X(T)Y(T).$$

取期望后可得

$$\mathrm{E}[U(X(T))] \leqslant \mathrm{E}\big[\widetilde{U}(Y(T))\big] + \mathrm{E}\,[X(T)Y(T)]$$
$$\leqslant \mathrm{E}\big[\widetilde{U}(Y(T))\big] + xy.$$

定义

$$J := \sup_{\pi} \mathrm{E}[U(X(T))] \leqslant \mathrm{E}\big[\widetilde{U}(Y(T))\big] + xy.$$

这意味着 J 存在上界 $\mathrm{E}\big[\widetilde{U}(Y_T)\big] + xy$. 如果我们选择适当的 $y > 0$ 使得

$$J = \mathrm{E}\big[\widetilde{U}(Y_T)\big] + xy,$$

那我们就找到了 $\mathrm{E}[U(X(T))]$ 的最大值.

实际上, 我们只需要找到某个财富过程 $X^*(T)$ 使得

$$\mathrm{E}[U(X^*(T))] = \mathrm{E}\big[\widetilde{U}(Y(T))\big] + xy,$$

那么这个财富过程 $X^*(T)$ 就是最优的终止时刻的财富. 由于 $X(T)$ 满足

$$X(T) \geqslant 0, \quad \mathrm{E}[X(T)\mathrm{e}^{-rt}\xi(t)] = x,$$

因此

$$\mathrm{E}[U(X^*(T))] \leqslant \sup_{\substack{x \geqslant 0 \\ \mathrm{E}[X(T)\mathrm{e}^{-rt}\xi(t)]=x}} \mathrm{E}[U(x)] = J$$
$$\leqslant \mathrm{E}\big[\widetilde{U}(Y(T))\big] + xy$$
$$= \mathrm{E}[U(X^*(T))].$$

不等式最左端与最右端相等, 因此不等式中间的不等号全都应该取等号. 于是

$$E[U(X^*(T))] = \sup_{\substack{x \geqslant 0 \\ E[X(T)e^{-rt}\xi(t)]=x}} E[U(x)].$$

因为 $\widetilde{U}(y) = \sup_{x>0}(U(x) - xy)$, 所以当 $V(y) = U(x) - xy$ 时, x 是函数 $U(x) - xy$ 的最大值点. 根据一阶条件

$$U'(x) - y = 0$$

可得

$$x = (U')^{-1}(y) = g(y),$$

我们这里将效用函数 U 的一阶导数的反函数 $(U')^{-1}$ 记作 g. 同理, 若要等式

$$U(X^*(T)) = \widetilde{U}(Y(T)) + xy$$

成立, 则有

$$X^*(T) = g(Y(T)).$$

又由于

$$E[X^*(T)Y(T)] = xy,$$

于是有

$$E[g(Y(T))Y(T)] = E[g(ye^{-rT}\xi(T))ye^{-rT}\xi(T)] = xy.$$

定义

$$g(y) = E[g(ye^{-rT}\xi(T))e^{-rT}\xi(T)],$$

进而, 我们需要找到 $y > 0$, 使得

$$g(y) = x.$$

由于效用函数的一阶导数是单调的, 因此其反函数 g 也是单调的. 因而存在唯一的 $y^* > 0$, 使得 $g(y^*) = x > 0$. 进而可求出终止时刻的最优财富值:

$$X^*(T) = g(y^*e^{-rT}\xi(T)).$$

至此, 我们完成了步骤 1.

接下来, 我们进行步骤 2, 求出使财富过程在终止时刻达到最优财富值的控制 π^*. 回顾第 4 章的结论: 根据哥萨诺夫定理, 可定义 $\widetilde{P}$ 测度下的布朗运动:

$$\widetilde{W}(t) = W(t) + \theta t,$$

使得贴现资产过程 $e^{-rt}S(t)$, 在风险中性测度 $\widetilde{P}$ 下, 是一个鞅. 我们在这里定义一个新的随机过程:

$$\bar{X}(t) := \widetilde{E}[e^{-rT}X^*(T)|\mathcal{F}_t].$$

引理 6.3.2 $\bar{X}(t)$ 在风险中性测度下是一个鞅.

证明 对任意的 $0 \leqslant s \leqslant t$, 由重期望公式

$$\widetilde{E}[\bar{X}(t)|\mathcal{F}(t)] = \widetilde{E}\left[\widetilde{E}[e^{-rT}X^*(T)|\mathcal{F}(t)]|\mathcal{F}(s)\right].$$

又由于 $\mathcal{F}(s) \subset \mathcal{F}(t)$,

$$\widetilde{E}[\bar{X}(t)|\mathcal{F}(t)] = \widetilde{E}[e^{-rT}X^*(T)|\mathcal{F}(s)] = \bar{X}(s). \qquad \square$$

进而, 由定理 3.4.4 和哥萨诺夫定理可得

$$\begin{aligned}
\bar{X}(0) &= \widetilde{E}[e^{-rT}X^*(T)] \\
&= E[e^{-rT}X^*(T)e^{-\theta W(t)-\frac{1}{2}\theta^2 t}] \\
&= E[e^{-rT}X^*(T)\xi(t)] \\
&= x,
\end{aligned}$$

并且

$$\begin{aligned}
\bar{X}(T) &= \widetilde{E}\left[e^{-rT}X^*(T)|\mathcal{F}(T)\right] \\
&= e^{-rT}X^*(T).
\end{aligned}$$

由于 $\bar{X}(t)$ 在风险中性测度下是一个鞅, 根据鞅表示定理, 存在 η, 使得

$$\bar{X}(t) = x + \int_0^t \eta(s)d\widetilde{W}(s).$$

对 $e^{rt}\bar{X}(t)$ 使用伊藤公式, 有

$$\begin{aligned}
d(e^{rt}\bar{X}(t)) &= re^{rt}\bar{X}(t)dt + e^{rt}d\bar{X}(t) \\
&= re^{rt}\bar{X}(t)dt + e^{rt}\eta(t)d\widetilde{W}(t) \\
&= re^{rt}\bar{X}(t)dt + e^{rt}\eta(t)(\theta dt + dW(t)) \\
&= re^{rt}\bar{X}(t)dt + e^{rt}\bar{X}(t)\frac{\eta(t)}{\sigma\bar{X}(t)}((\mu-r)dt + \sigma dW(t)).
\end{aligned}$$

对比财富过程满足的随机微分方程:

$$dX(t) = rX(t)dt + X(t)\pi(t)((\mu - r)dt + \sigma dW(t)).$$

只需令

$$X(t) = \mathrm{e}^{rt}\bar{X}(t),$$

$$\pi(t) = \frac{\eta(t)}{\sigma\bar{X}(t)} = \frac{\eta(t)\mathrm{e}^{-rt}}{\sigma X(t)},$$

那么我们就得到了财富过程 $X(t)$, 以及对应的控制 $\pi(t)$ 使得

$$X(0) = \bar{X}(0) = x,$$

$$X(T) = \mathrm{e}^{rT}\bar{X}(T) = X^*(T).$$

我们找到了在终止时刻能达到最优财富 $X^*(T)$ 的财富过程 $X(t)$. 对应的控制 $\pi(t)$ 也就是最优的控制过程 $\pi^*(t)$. 至此, 我们完成了步骤 2.

6.4　对偶控制方法求解举例

本节, 我们将针对几种特殊效用函数通过对偶控制方法求解出最优投资问题的财富过程以及对应的投资策略.

例 6.4.1　效用函数为对数效用函数, 即

$$U(x) = \ln x.$$

构造效用函数的对偶函数

$$\widetilde{U}(y) = \sup_{x>0}(U(x) - xy)$$

$$= \sup_{x>0}(\ln x - xy).$$

其右端达到最大值的条件为

$$\frac{\partial}{\partial x}(\ln x - xy) = \frac{1}{x} - y = 0,$$

即

$$x = \frac{1}{y} \equiv g(y).$$

定义随机过程

$$Y(t) = y\mathrm{e}^{-rt}\xi(t), \quad \xi(t) = \mathrm{e}^{-\theta W(t) - \frac{1}{2}\theta^2 t}, \quad y > 0.$$

对应的终止时刻最优财富值 X^* 与随机过程 Y 之间的关系为

$$X^*(T) = g(Y(T)) = \frac{1}{Y(T)} = \frac{1}{y\mathrm{e}^{-rT}\xi(T)},$$

即

$$X^*(T) = \frac{1}{y}\mathrm{e}^{rT + \theta W(T) + \frac{1}{2}\theta^2 T}$$

根据 $\mathrm{E}[XY] = xy$, 可得

$$\mathrm{E}[g(Y(T))\mathrm{e}^{-rT}\xi(T)] = x,$$

即

$$\mathrm{E}\Big[\frac{1}{y\mathrm{e}^{-rT}\xi(T)}\mathrm{e}^{-rT}\xi(T)\Big] = x.$$

可求出

$$y = \frac{1}{x}.$$

因此, 最优终止时刻的财富为

$$X^*(T) = x\mathrm{e}^{rT + \theta W(T) + \frac{1}{2}\theta^2 T}.$$

我们完成了第一个步骤.

接下来, 定义

$$\bar{X}(t) = \widetilde{\mathrm{E}}[\mathrm{e}^{-rT}X^*(T)|\mathcal{F}(t)].$$

可求出

$$\begin{aligned}
\bar{X}(t) &= \widetilde{\mathrm{E}}\left[x\mathrm{e}^{\theta W(T) + \frac{1}{2}\theta^2 T}|\mathcal{F}(t)\right]\\
&= \widetilde{\mathrm{E}}\left[x\mathrm{e}^{\theta(\widetilde{W}(T) - \theta T) + \frac{1}{2}\theta^2 T}|\mathcal{F}(t)\right]\\
&= x\widetilde{\mathrm{E}}\left[\mathrm{e}^{\theta\widetilde{W}(T) - \frac{1}{2}\theta^2 T}|\mathcal{F}(t)\right]\\
&= x\mathrm{e}^{\theta\widetilde{W}(t) - \frac{1}{2}\theta^2 t}\\
&= x\mathrm{e}^{\theta(\theta t + W(t)) - \frac{1}{2}\theta^2 t}\\
&= x\mathrm{e}^{\theta W(t) + \frac{1}{2}\theta^2 t}.
\end{aligned}$$

令财富过程为

$$X(t) = e^{rt}\bar{X}(t) = xe^{rt+\frac{1}{2}\theta^2 t + \theta W(t)},$$

则有

$$X(0) = x, \quad X_T = X^*(T).$$

接下来, 我们来求最优策略. 由伊藤公式,

$$
\begin{aligned}
dX =& X\Big(r + \frac{1}{2}\theta^2\Big)dt + \theta X dW + \frac{1}{2}\theta^2 X(dW)^2 \\
=&(r + \theta^2)X dt + \theta X dW \\
=& rX dt + \theta X(\theta dt + dW).
\end{aligned}
\tag{6.9}
$$

另一方面, 财富过程 X 满足

$$dX = rX dt + \pi\sigma X(\theta dt + dW) \tag{6.10}$$

对比式 (6.9) 和 (6.10), 我们可以得到 $\theta = \pi\sigma$, 即最优投资策略为

$$\pi^* = \frac{\theta}{\sigma}.$$

这意味着我们投资在风险资产和无风险资产之间的比例应该始终为常数 $\dfrac{\theta}{\sigma}$.

例 6.4.2 效用函数为指数效用函数, 即

$$U(x) = \frac{x^p}{p}, \quad 0 < p < 1.$$

构造效用函数的对偶函数

$$\widetilde{U}(y) = \sup_{x>0}(U(x) - xy) = \sup_{x>0}\Big(\frac{x^p}{p} - xy\Big).$$

其右端达到最大值的条件为

$$\frac{\partial}{\partial x}\Big(\frac{x^p}{p} - xy\Big) = \frac{1}{p}px^{p-1} - y = 0,$$

即

$$x = y^{\frac{1}{p-1}} \equiv g(y).$$

令

$$q = \frac{p}{p-1}$$

则

$$g(y) = -V'(y) = -(-y^{q-1}) = y^{q-1}.$$

定义随机过程

$$Y(t) = y\mathrm{e}^{-rt}\xi(t), \quad \xi(t) = \mathrm{e}^{-\theta W(t) - \frac{1}{2}\theta^2 t}, \quad y > 0.$$

对应的终止时刻最优财富值 X^* 与随机过程 Y 之间的关系为

$$X^*(T) = g(Y(T)) = y\mathrm{e}^{-rT}\xi(T)^{q-1},$$

即

$$X^*(T) = (y\mathrm{e}^{-rT})^{q-1}\mathrm{e}^{-\theta(q-1)W(T) - \frac{1}{2}\theta^2(q-1)T}.$$

根据 $\mathrm{E}[XY] = xy$, 可得

$$\mathrm{E}[g(Y(T))\mathrm{e}^{-rT}\xi(T)] = x.$$

注意到 $\mathrm{e}^{aW(t) - \frac{1}{2}a^2 t}$ 是一个鞅, 有 $\mathrm{E}[\mathrm{e}^{aW(t) - \frac{1}{2}a^2 t}] = 1$. 于是

$$\begin{aligned}
x &= \mathrm{E}\left[\mathrm{e}^{-rT}(y\mathrm{e}^{-rT})^{q-1}\mathrm{e}^{-\theta(q-1)W(T) - \frac{1}{2}\theta^2(q-1)T}\mathrm{e}^{-\theta W(T) - \frac{1}{2}\theta^2 T}\right] \\
&= \mathrm{E}\left[\mathrm{e}^{-rqT}y^{q-1}\mathrm{e}^{-\theta q W(T) - \frac{1}{2}\theta^2 qT}\right] \\
&= \mathrm{e}^{-rqT}y^{q-1}\mathrm{e}^{\frac{1}{2}\theta^2 q^2 T - \frac{1}{2}\theta^2 qT}.
\end{aligned} \tag{6.11}$$

可求出

$$y^* = (x\mathrm{e}^{rqT - \frac{1}{2}\theta^2 q(q-1)T})^{\frac{1}{q-1}}.$$

因此, 最优终止时刻的财富为

$$\begin{aligned}
X^*(T) &= (y^*)^{q-1}\mathrm{e}^{-(q-1)(rT + \theta W(T) + \frac{1}{2}\theta^2 T)} \\
&= x\mathrm{e}^{rqT - \frac{1}{2}\theta^2 q(q-1)T}\mathrm{e}^{-(q-1)(rT + \theta W(T) + \frac{1}{2}\theta^2 T)} \\
&= x\mathrm{e}^{rT - (q-1)\theta W(T) - \frac{1}{2}\theta^2 T(q-1)(q+1)}.
\end{aligned} \tag{6.12}$$

至此, 我们完成了第一个步骤.

接下来, 定义

$$\bar{X}(t) = \widetilde{\mathrm{E}}\left[\mathrm{e}^{-rT}X^*(T)|\mathcal{F}(t)\right].$$

代入我们求出的最优终止时刻财富,

$$
\begin{aligned}
\bar{X}(t) &= \widetilde{\mathrm{E}}\left[x\mathrm{e}^{-(q-1)\theta W(T)-\frac{1}{2}\theta^2 T(q-1)(q+1)}\big|\mathcal{F}(t)\right] \\
&= \widetilde{\mathrm{E}}\left[x\mathrm{e}^{-(q-1)\theta(\widetilde{W}(T)-\theta T)-\frac{1}{2}\theta^2 T(q^2-1)}\big|\mathcal{F}(t)\right] \\
&= \widetilde{\mathrm{E}}\left[x\mathrm{e}^{-(q-1)\theta\widetilde{W}(T)-\frac{1}{2}\theta^2 T(q-1)^2}\mathrm{e}^{\frac{1}{2}\theta^2 T(q-1)^2+(q-1)\theta^2 T-\frac{1}{2}\theta^2 T(q^2-1)}\big|\mathcal{F}(t)\right] \\
&= x\mathrm{e}^{-(q-1)\theta\widetilde{W}(t)-\frac{1}{2}\theta^2 t(q-1)^2}\mathrm{e}^{\frac{1}{2}\theta^2 t(q-1)(q-1+2-q-1)} \\
&= x\mathrm{e}^{-(q-1)\theta\bar{W}(t)-\frac{1}{2}\theta^2 t(q-1)^2} \\
&= x\mathrm{e}^{-(q-1)\theta(\theta t+W(t))-\frac{1}{2}\theta^2 t(q-1)^2} \\
&= x\mathrm{e}^{-(q-1)\theta W(t)-\frac{1}{2}\theta^2 t(q-1)(2+q-1)} \\
&= x\mathrm{e}^{-(q-1)\theta W(t)-\frac{1}{2}\theta^2(q^2-1)t},
\end{aligned}
$$

所以

$$
X(t) = \mathrm{e}^{rt}\bar{X}(t) = x\mathrm{e}^{rt-(q-1)\theta W(t)-\frac{1}{2}\theta^2(q^2-1)t}.
$$

最后, 我们来求最优策略. 由伊藤公式

$$
\begin{aligned}
dX &= X\left(r-\frac{1}{2}\theta^2(q^2-1)\right)dt + X(-(q-1)\theta)dW + \frac{1}{2}X(\theta(q-1))^2 dt \\
&= X\left(r-\frac{1}{2}\theta^2(q-1)(q+1-q+1)\right)dt - (q-1)\theta X dW \\
&= X(r-\theta^2(q-1))dt - (q-1)\theta X dW \\
&= rX dt - (q-1)\theta X(\theta dt + dW).
\end{aligned} \tag{6.13}
$$

又因为财富过程本身满足

$$
dX = rX dt + \sigma\pi X(\theta dt + dW), \tag{6.14}
$$

对比式 (6.13) 和 (6.14), 可得 $\sigma\pi = -(q-1)\theta$, $q = \dfrac{p}{p-1}$. 于是, 最优投资策略为

$$
\pi^* = \frac{\theta}{\sigma}(1-q) = \frac{\theta}{\sigma(1-p)}.
$$

6.5　习　　题

1. 检验 6.4 节中通过对偶控制方法求出的解与 6.2 节通过解 HJB 方程得出的结果是否一致.

2. 假设效用函数

$$U(x) = \frac{1}{3}H(x)^{-3} + H(x)^{-1} + xH(x),$$

其中 $H(x) = \sqrt{2}(-1 + \sqrt{1 + 4x})^{-1/2}$, 写出风险资产服从几何布朗运动时的最优投资问题的表达式以及满足的 HJB 方程, 并使用对偶控制方法求解.

3. 若考虑贴现, 写出风险资产服从几何布朗运动时的最优投资问题的表达式以及满足的 HJB 方程, 并使用对偶控制方法求解.

4. 假设风险资产 $S(t)$ 服从常系数弹性方程模型:

$$dS(t) = rS(t)dt + \sigma S^{\alpha}(t)dW(t),$$

其中常数 $r, \sigma > 0$, $\alpha \in (0, 1)$, 写出该模型下最优投资问题的表达式以及满足的 HJB 方程, 并使用对偶控制方法求解.

5. 假设风险资产 $S(t)$ 服从赫斯顿模型:

$$dS(t) = rS(t)dt + \sqrt{V(t)}S(t)dW_1(t),$$
$$dV(t) = (a - bV(t))dt + \sigma\sqrt{V(t)}dW_2(t),$$

其中 a, b, σ 为正常数, $dW_1(t)dW_2(t) = \rho dt$, $\rho \in (-1, 1)$. 写出该模型下最优投资问题的表达式以及满足的 HJB 方程.

第 7 章　最优停止投资模型

在本章中, 我们将研究最优停止投资问题, 金融市场模型设置与第 6 章一致. 不同的是投资人可以在任意交易日停止投资. 通过控制投资在无风险资产和风险资产之间的比例 $\pi(t) \in \mathcal{A}$, 以及最佳的停止投资时间 $\tau \in \Gamma_{t,T}$, 其中 $\Gamma_{t,T}$ 表示关于域流 $\mathcal{F}(u)$, $t \leqslant u \leqslant T$ 的所有停时的集合, 使得在停止投资的时刻 τ, 期望效用达到最大. 该问题可表示为

$$\sup_{\tau \in \Gamma_{t,T}, \pi \in \mathcal{A}} \mathrm{E}\Big[\mathrm{e}^{-\beta(\tau-t)} U(X(\tau) - K)|X(t) = x\Big], \tag{7.1}$$

其中 $\beta > 0$ 为折现因子, K 为最低投资限额. 值得注意的是, $K > 0$ 和 $K = 0$ 对应着两种不同的投资策略, 详细的分析可参见文献 [19]. 本章仅考虑 $K > 0$ 的情况. 最优停止投资问题的对偶控制方法参见文献 [19-21].

7.1　最优停止投资问题的 HJB 方程

定义值函数 $V : [0,T] \times \mathbb{R} \to \mathbb{R}$:

$$V(t,x) = \sup_{\tau,\pi} \mathrm{E}\Big[\mathrm{e}^{-\beta(\tau-t)} U(X(\tau) - K)|X(t) = x\Big]. \tag{7.2}$$

接下来, 我们利用上一章介绍的动态规划原理推导值函数 $V(t,x)$ 满足的偏微分方程. 考虑时间区间 $[t, t+h]$, $h > 0$,

1. 若停止投资, 则 $\tau = t$,

$$V(t,x) = U(x - K).$$

2. 若不停止投资, 则 $\tau > t$, 在时间区间 $[t, t+h]$ 上, 最优停止投资问题退化为上一章介绍的最优投资问题. 利用动态规划原理可得

$$V(t,x) = \sup_{\pi} \mathrm{E}\Big[\mathrm{e}^{-\beta h} V(t+h, X(t+h))|X(t) = x\Big].$$

当前时刻是否停止投资取决于获得的收益的大小, 因此可将上述两种情况统一表示为

$$V(t,x) = \max\left\{\sup_{\pi} \mathrm{E}\Big[\mathrm{e}^{-\beta h} V(t+h, X(t+h))|X(t) = x\Big], U(x-K)\right\},$$

即

$$\min\left\{V(t,x)-\sup_\pi \mathrm{E}\Big[\mathrm{e}^{-\beta h}V(t+h,X(t+h))|X(t)=x\Big],\ V(t,x)-U(x-K)\right\}=0.$$

由于

$$V(t,x)-\sup_\pi \mathrm{E}\Big[\mathrm{e}^{-\beta h}V(t+h,X(t+h))|X(t)=x\Big]$$

$$=-\sup_\pi \mathrm{E}\left[\int_t^{t+h} d\big(\mathrm{e}^{-\beta(u-t)}V(u,X(u))\big)|X(t)=x\right],$$

令 h 趋于 0,

$$V(t,x)-\sup_\pi \mathrm{E}\Big[\mathrm{e}^{-\beta h}V(t+h,X(t+h))|X(t)=x\Big]\geqslant 0,$$

等价于

$$-\mathcal{L}^\pi[V]\geqslant 0,$$

其中

$$\mathcal{L}^\pi[V]=V_t+rxV_x-\beta V+\pi x(\mu-r)V_x+\frac{1}{2}\pi^2 x^2\sigma^2 V_{xx}.$$

于是, 对任意 $(t,x)\in(0,T)\times(0,\infty)$, V 满足下述 HJB 方程:

$$\min\left\{-\sup_\pi \mathcal{L}^\pi[V],\ V-U(x-K)\right\}=0, \tag{7.3}$$

终值条件为

$$V(T,x)=U(x-K). \tag{7.4}$$

假设 $V(t,\cdot)$ 是严格单调递增并且是上凸的, 即 $V_x>0$, $V_{xx}<0$, 则 $\mathcal{L}^\pi[V]$ 取得最大值时满足如下一阶条件:

$$(\mu-r)xV_x+\sigma^2\pi x^2 V_{xx}=0,$$

即

$$\pi_t^*=-\frac{\theta}{\sigma}\frac{V_x}{xV_{xx}}.$$

于是对任意的 $(t,x)\in(0,T)\times(0,\infty)$, (7.3) 等价于

$$\min\left\{-V_t+\frac{\theta^2}{2}\frac{(V_x)^2}{V_{xx}}-rxV_x+\beta V,\ V-U(x-K)\right\}=0. \tag{7.5}$$

该方程是一个非线性的变分不等式问题, 通常是没有解析解的, 需要通过数值方法进行近似计算. 但由于方程中存在非线性结构, 直接对方程 (7.5) 进行数值计算也是比较复杂的. 因此, 我们考虑该问题的对偶问题.

7.2 对偶控制方法

本节, 我们考虑最优停止投资问题的对偶方法. 首先定义效用函数的对偶函数:

$$\widetilde{U}_K(y) = \sup_{x > K}(U(x - K) - xy).$$

定义对偶值函数

$$\widetilde{V}(t, y) = \sup_{t \leqslant \tau \leqslant T} \mathrm{E}\left[\mathrm{e}^{-\beta(\tau - t)}\widetilde{U}_K(Y(\tau))|Y(t) = y\right], \tag{7.6}$$

其中对偶过程 $(Y_t)_{0 \leqslant t \leqslant T}$ 满足如下随机微分方程:

$$dY(t) = (\beta - r)Y(t)dt - \theta Y(t)dW(t). \tag{7.7}$$

值得注意的是, 对偶过程只是关于时间 τ 取最大值, 不再含有最优控制. 并且从形式上非常类似于我们前面讨论过的美式期权定价问题.

接下来我们推导对偶值函数 $\widetilde{V}$ 满足的偏微分方程. 考虑在时间区间 $[t, t+h]$, $h > 0$ 上,

1. 若 $\tau = t$, 则 $\widetilde{V}(t, y) = \widetilde{U}_K(y)$.

2. 若 $\tau > t$, 利用动态规划原理可得

$$\widetilde{V}(t, y) = \mathrm{E}\left[\mathrm{e}^{-\beta h}\widetilde{V}(t + h, Y(t + h))|Y(t) = y\right].$$

上述两种情况可统一表示为

$$\widetilde{V}(t, y) = \max\left\{\mathrm{E}\left[\mathrm{e}^{-\beta h}\widetilde{V}(t + h, Y(t + h))|Y(t) = y\right], \widetilde{U}_K(y)\right\},$$

即

$$\min\left\{\widetilde{V}(t, y) - \mathrm{E}\left[\mathrm{e}^{-\beta h}\widetilde{V}(t + h, Y(t + h))|Y(t) = y\right], \widetilde{V}(t, y) - \widetilde{U}_K(y)\right\} = 0.$$

由于

$$\widetilde{V}(t, y) - \mathrm{E}\left[\mathrm{e}^{-\beta h}\widetilde{V}(t + h, Y(t + h))|Y(t) = y\right]$$

$$= -\mathrm{E}\left[\int_t^{t+h} d\left(\mathrm{e}^{-\beta(u-t)}\widetilde{V}(u,Y(u))\right)\Big|Y(t)=y\right],$$

令 h 趋于 0,

$$\widetilde{V}(t,y) - \mathrm{E}\left[\mathrm{e}^{-\beta h}\widetilde{V}(t+h,Y(t+h))|Y(t)=y\right] \geqslant 0,$$

等价于

$$-\mathcal{L}[\widetilde{V}] \geqslant 0,$$

其中

$$\mathcal{L}[\widetilde{V}] = \widetilde{V}_t + (\beta - r)y\widetilde{V}_y - \beta\widetilde{V} + \frac{1}{2}y^2\theta^2\widetilde{V}_{yy}.$$

于是, 对任意 $(t,y) \in (0,T) \times (0,\infty)$, $\widetilde{V}$ 满足下述 HJB 方程:

$$\min\left\{-\mathcal{L}[\widetilde{V}], \widetilde{V} - \widetilde{U}_K(y)\right\} = 0, \tag{7.8}$$

终值条件为

$$\widetilde{V}(T,y) = \widetilde{U}_K(y). \tag{7.9}$$

该问题在数学上称为变分不等式. 相比于原最优停止投资问题等价于非线性变分不等式 (7.5), 对偶问题等价于线性变分不等式, 因而对偶问题比较容易求解. 即: 通过对偶控制方法将原来带控制的最优停止控制问题 (7.2) 转化为不带控制的最优停时问题 (7.6). 问题 (7.6) 与美式期权定价问题一样, 可以转化为自由边界问题, 进而建立自由边界满足的积分方程.

接下来, 我们给出对偶空间自由边界满足的积分方程. 为简化运算, 我们做如下变量替换:

$$z = \ln y, \quad \tau = \frac{\theta^2}{2}(T-t), \quad \rho = \frac{2\beta}{\theta^2}, \quad \kappa = \frac{2r}{\theta^2} - \rho + 1, \tag{7.10}$$

并且令

$$v(\tau,z) = \widetilde{V}(t,y), \quad f(z) = \widetilde{U}_K(y). \tag{7.11}$$

那么 (7.8) 可转化为关于 $v(\tau,z)$ 的方程:

$$\begin{cases} \min\{-\mathrm{L}[v], v - f\} = 0, & (\tau,z) \in (0,\theta^2 T/2) \times (-\infty,\infty), \\ v(0,z) = f(z), & z \in (-\infty,\infty), \end{cases}$$

其中

$$\mathbf{L}[v] = v_\tau - v_{zz} + \kappa v_z + \rho v.$$

该变分不等式存在一条自由边界 $b(\tau)$ 满足

$$\begin{cases} \mathbf{L}[v] = 0, & \tau \in (0, \theta^2 T/2), \quad z > b(\tau), \\ v(\tau, z) = f(z), & \tau \in (0, \theta^2 T/2), \quad z \leqslant b(\tau), \\ v(\tau, b(\tau)) = f(b(\tau)), & \tau \in (0, \theta^2 T/2), \\ v(0, z) = f(z), & z \in (-\infty, \infty). \end{cases}$$

该自由边界 $b(\tau)$ 是严格单调递减的, 并且满足如下的积分方程 (参见文献 [19]):

$$-\int_{b_0}^\infty G(\tau, b(\tau) - z)\phi(z)dz + \int_0^\tau G(\tau - s, b(\tau) - b(s))\phi(b(s))b'(s)ds = 0, \quad (7.12)$$

其中 b_0 为 $\phi(b_0) = 0$ 的解, $\phi(z) = \mathbf{L}[f(z)]$, G 为格林函数,

$$G(\tau, z) = \frac{1}{\sqrt{4\pi\tau}} e^{-\frac{(z - \kappa\tau)^2}{4\tau} - \rho\tau}.$$

使用第 5 章中求解积分方程的算法来求解积分方程(7.12). 最后由原值函数 $V(t, x)$ 和对偶值函数 $\widetilde{V}(t, y)$ 之间的关系:

$$V(t, x) = \inf_{y>0}(\widetilde{V}(t, y) + xy),$$

我们得出原问题(7.5)的解, 详细的推导过程可参见文献 [19].

7.3 习 题

1. 利用概率的方法写出式(7.6)满足的积分方程.
2. 写出求解积分方程(7.12)的算法, 并写出问题(7.5) 的自由边界、最优投资策略及值函数的表达式.
3. 假设效用函数

$$U(x) = \frac{1}{3}H(x)^{-3} + H(x)^{-1} + xH(x),$$

其中 $H(x) = \sqrt{2}(-1 + \sqrt{1 + 4x})^{-1/2}$, 写出风险资产服从几何布朗运动时的最优停止投资问题的表达式以及满足的 HJB 方程, 并给出对偶控制方法求解过程.

4. 假设风险资产 $S(t)$ 服从常系数弹性方程模型:

$$dS(t) = rS(t)dt + \sigma S^{\alpha}(t)dW(t),$$

其中 $r, \sigma > 0, \alpha \in (0, 1)$ 为常数, 写出该模型下最优停止投资问题的表达式以及满足的 HJB 方程, 并给出对偶控制方法求解过程.

参 考 文 献

[1] 李辰旭. 金融中的数学方法. 北京: 北京大学出版社, 2021.

[2] Shreve S. Stochastic Calculus for Finance. Berlin: Springer, 2004.

[3] 史蒂文·E 施里夫. 金融随机分析. 陈启宏, 陈迪华, 译. 上海: 上海财经大学出版社, 2015.

[4] 严加安. 金融数学引论. 2 版. 北京: 科学出版社, 2023.

[5] 王汉超, 于志勇. 应用随机分析. 北京: 高等教育出版社, 2022.

[6] Borodin A N, Salminen P. Handbook of Brownian Motion: Facts and Formulae. Berlin: Springer, 1996.

[7] Karatzas I, Steven E. Brownian Motion and Stochastic Calculus. Berlin: Springer, 1991.

[8] Evans L C. 随机微分方程导论. 影印版. 北京: 高等教育出版社, 2021.

[9] Detemple J. American-Style Derivatives: Valuation and Computation. New York: CRC Press, 2006.

[10] Jeanblanc M, Yor M, Chesney M. Mathematical Methods for Financial Markets. Berlin: Springer, 2009.

[11] Protter P. Stochastic Integration and Differential Equations. Berlin: Springer, 2004.

[12] Kim I J. The analytic valuation of American options. The Review of Financial Studies, 1990, 3: 547–572.

[13] Pham H. Continuous-time Stochastic Control and Optimization with Financial Applications. Berlin: Springer, 2009.

[14] Øksendal B, Sulem A. Applied Stochastic Control of Jump Diffusions. Berlin: Springer, 2005.

[15] Bian B, Miao S, Zheng H. Smooth value functions for a class of nonsmooth utility maximization problems. SIAM Journal on Financial Mathematics, 2011, 2: 727-747.

[16] Bian B, Zheng H. Turnpike property and convergence rate for an investment model with general utility functions. Journal of Economic Dynamics and Control, 2015, 51: 28-49.

[17] Ma J T, Li W Y, Zheng H. Dual control Monte-Carlo method for tight bounds of value function in regime switching utility maximization. European Journal of Operational Research, 2017, 262: 851-862.

[18] Ma J T, Li W Y, Zheng H. Dual control Monte-Carlo method for tight bounds of value function under Heston stochastic volatility model. European Journal of Operational Research, 2020, 280: 428-440.

[19] Ma J T, Xing J, Zheng H. Global closed-form approximation of free boundary for optimal investment stopping problems. SIAM Journal on Control and Optimization, 2019, 57: 2092-2121.

[20] Karatzas I, Wang H. Utility maximization with discretionary stopping. SIAM Journal on Control and Optimization, 2000, 30: 306-329.

[21] Jian X, Li X, Yi F. Optimal investment with stopping in finite horizon. Journal of Inequalities and Applications, 2014, Article number 432.

[22] 姜礼尚. 期权定价的数学模型和方法. 2 版. 北京: 高等教育出版社, 2008.

[23] 姜礼尚, 徐承龙, 任学敏, 等. 金融衍生产品定价的数学模型与案例分析. 北京: 高等教育出版社, 2013.

[24] Klebaner F C. Introduction to Stochastic Calculus with Applications. 2nd ed. Imperial College Press, 2005.

[25] Ma J T, Yang W S, Cui Z. CTMC integral equation method for American options under stochastic local volatility models. Journal of Economic Dynamics and Control, 2021, 128, Artical number 104145.

[26] Peskir G, Shiryaev A. Optimal Stopping and Free-Boundary Problems. Birkhäuser Verlag, 2006.